新西班牙《イスパニヤ》語事始め

スペイン語と出会った日本人

Takekazu Asaka
浅香武和

論創社

巻頭言

坂東省次

日西交流史は十六世紀中葉、なかでもフランシスコ・ザビエルの来日とキリスト教の伝来とともに開始され、まずは鎖国まで続く。この時代は世に南蛮時代として知られ、主として宗教と商業の面において交流が行われた。開国後の幕末・明治を迎えると、両国の交流は単に宗教や商業にとどまらず、文学、言語、音楽、美術など幅広い分野で徐々に活発になってゆく。その一つがスペイン語である。

日本では、明治以来、英独仏語中心の時代が長く続いた。戦後、一九七〇（昭和四十五）年代になってようやく第一次スペイン語ブームを迎え、こえて一九九二（平成四）年には第二次スペイン語ブームが到来し、スペイン語教育はかつてない盛況を呈している。スペイン語の教科書や参考書が溢れ、充実した辞書も多数発行されている。

スペイン語がようやく獲得した今日の人気の背景には、明治にはじまるスペイン語教育者の想像を絶する苦労があったことは、今更言うまでもないであろう。今、スペイン語教育者はスペイン語の将来を見つめながら、いやそれを見つめるためにも、一〇〇年を超すスペイン語教育史の足跡を辿っておくことはどうしても必要である。
スペイン語が高い人気を誇る時代に、本書『新西班牙語事始め』が上梓されることは大きな意義を持っている。著者の浅香氏は知る人ぞ知る博覧強記の人である。氏が苦労を重ねて収集された一級の資料を駆使してここに再現された日本におけるスペイン語教育史は、前人未踏の傑作であろうと言えよう。

（ばんどう・しょうじ　京都外国語大学名誉教授）

新西班牙語事始め　目次

巻頭言　坂東省次　003
はじめに　008

第一部　総論
第一章　日本人とスペイン語の出会い　014
第二章　スペイン語辞典発達小史　032

第二部　出会いから江戸末期まで
第一章　日本に渡来した最初のスペイン人・ディエス　062
第二章　亜墨利加でイスパニヤ語を学んだ日本人・初太郎　076

第三部　明治期
第一章　外務省第一回スペイン留学生・三浦荒次郎　098
第二章　日本におけるスペイン語教育の創始者・ビンダ　112
第三章　日本人による最初のスペイン語会話書・片桐安吉　137

第四章　メキシコ移民が著したスペイン語会話書・黛忠太郎　148

第四部　大正期

第一章　『四國對照南米語自在』・海外雄飛会　160
第二章　スペイン語通信教育講座事始・酒井市郎　174
第三章　『和西新辞典』編纂者・金沢一郎　200
第四章　海外植民学校スペイン語教師・リカルテ　206
第五章　メキシコ移民の『西日辞典』・照井亮次郎　218

第五部　昭和期

第一章　孤高のスペイン語辞書編纂者・村岡玄　234
第二章　昭和戦前のスペイン語学習書　256
第三章　放送によるスペイン語講座の誕生・笠井鎮夫　269

参考書目　279

はじめに

本書は、日本人とスペイン人がどのように出会い、そしてどのようにスペイン語と接触し交わっていったかということをのべたものです。スペイン人と会って最初にスペイン語を聞いた人、スペインの土を最初に踏んだ人、漂流してスペイン領アメリカで暮らした人という話題を取り上げました。一方、明治時代に外国語学校が創設されて、スペイン語の学習が始まり、日本におけるスペイン語教育が初めて本格的な出発を迎えた草創期にどのようにスペイン語を教え、あるいは学んだのか、また刊行された辞書や学習書について記したものです。

日本人とスペイン語の出会い、ことばを変えて言うと、現在のスペイン語学習の出発点は、明治三十年（一八九七）九月高等商業学校附属外国語学校の開校にあるといってもよい。このスペイン語黎明期とも言える時代に、どんな目的で何のためにスペイン語を学んだのか、少なくとも垣間見ることができると思います。日本におけるスペイン語事始から一〇〇年以上経った今日、スペイン語学習は着実な歩みを示したと言えます。

筆者は、昭和五十年（一九七五）秋、初めてスペインの地を踏み、二年間の留学中さまざまな体験をしました。マドリード国立語学学校日本語学科のラミーロ・プラナス先生の知己を得て、日本におけるスペイン語事始にも大いに関心をもち、雑誌等に執筆した論考をここに一冊の本として纏めることができました。

資料を集めるために、東京都千代田区神田の古書店街で本を漁ったり、東京古書会館で毎週末に開催される古書展に馳せ参じたり、高円寺の西部古書会館にも足を運びました。昭和五十年代から昭和六十年代までは足で一つ一つ探しましたが、現在ではインターネット検索で易々と見つけることもできるし、国立国会図書館のデジタルライブラリーも便利に使えるようになりましたが、漁書の楽しみと喜びは古本屋巡りにつきます。そして、古書収集の術は、わが師徳永康元先生の薫陶を受けたおかげです。

英語事始めやフランス語事始めという書はすでに刊行されていますが、「西班牙語事始め」は、本書が初めてであろうかと思います。「西班牙」は「イスパニヤ」または「スペイン」とも読めますが、本書は趣きをだして、「イスパニヤ語事始め」としたいと思います。江戸時代に刊行された牧山耕平訳『萬國史』には「西班牙」と見えます。また明治六年には「伊班亜」という記述があります。

各章の初出は次のとおりです。本書をなすために、修正・追記を施しました。第一部は総論、第二部から第五部の各章は、スペイン語事始に関わった人物を取り上げて、発行された書物をめぐるテーマについて論じたものです。

「日本人とスペイン語の出会い」『スペイン語の世界』世界思想社、一九九九
「西和辞書発達小史」『PINUS』二十七号、雄松堂書店、一九八九
「ペロ・ディエスの日本見聞記について」『イスパニア図書』二号、一九九九
「亜墨利加でイスパニヤ語を学んだ日本人」『イスパニア図書』六号、二〇〇三
「外務省第一回スペイン留学生」『スペイン学』十六号、二〇一四
「日本におけるスペイン語教育の創始者」『イスパニア図書』三号、二〇〇〇
「日本人最初のスペイン語会話書」『イスパニア図書』十号、二〇〇七
「明治期メキシコ移民が著した会話書」『イスパニア図書』八号、二〇〇六
「『四國對象南米語自在』を巡って」『スペイン学』十八号、二〇一六
「スペイン語通信教育事始」『イスパニア図書』四号、二〇〇一
「金沢一郎と『和西辞典』」『月刊言語』一九八六年十二月号、大修館書店
「スペイン語教師アルテミオ・リカルテと横浜」「スペイン語学」十三号、二〇一一
「大正期メキシコ移民の『西和辞典』」『イスパニア図書』九号、二〇〇六
「孤高のスペイン語辞書編纂者」『イスパニア図書』七号、二〇〇四
「昭和戦前のスペイン語学習書」書下ろし
「放送によるスペイン語講座の誕生」『イスパニア図書』五号、二〇〇二

先に同学社より『スペイン語事始』を著してから、新たに論考二篇を認め、書下ろしを一篇加えて、ここに『新西班牙語事始め』として本書の出版に至りました。今回の出版に当たり論創社編集部松永裕衣子さんにお世話になりました。出版に携わった皆様にお礼申し上げます。

本文中の資料は、所蔵を明記したもの以外は筆者蔵である。また、引用した資料・日本語およびスペイン語の文に誤りと思われる箇所があるが、あえて訂正を施さない。

平成二十九年春

東京谷在家にて　著者記す

第一部　総論

第一章　日本人とスペイン語の出会い

一　日本人とスペイン人との出会い

日本人が初めて出会ったヨーロッパ人は、南蛮人と呼ばれたポルトガル人そしてスペイン人であった。その出会いは、一五四三年九月二十三日（天文十二年八月二十五日）ポルトガル船の種子島来航により鉄砲を伝えたポルトガル人であった。翌年、一五四四年鹿児島に来航したポルトガル船のペロ・ディエス（スペインガリシア出身）、さらに、一五四九年八月十五日（天文十八年七月二十二日）フランシスコ・シャビエル［ザビエルに同じ］（スペインナバーラ出身）がスペイン人司祭トーレスと修道士フェルナンデスを伴い鹿児島出身の日本人ヤジロウ（弥次郎）を従えて、布教のため鹿児島に上陸し、鹿児島、山口、京都、平戸などを訪れ布教に従事したのが、日本人とスペイン人の最初の出会いである。

このヤジロウという人物は、武士であったが人を殺め追い詰められて、やむを得ず港に停泊していたポルトガル船に乗り込んで誘われるままマラッカに赴き、そこでシャビエルに巡り合うことになった。その間にポルトガル語やスペイン語も片言程度できるようになったのだろう。シャビエル以後四〇年間、カトリックの布教は西日本に信者を増やし、一五八七年（天正十五年）豊臣秀吉が「バテレン追放令」を出した年には信者の数は二〇万人に達していた。シャビエルは二年半滞在してから日本を離れ、その後の布教活動はイエズス会のポルトガル人宣教師がすすめた。

スペインとの関係は、徳川家康の時代になり新しい展開の兆しを見せ、フランシスコ会士へロニモ・デ・ヘスースに対してスペイン船の日本寄港を許可し、一六〇八年（慶長十三年）浦賀に初めてスペイン船が入港している。しかし、一六二四年（寛永元年）に徳川幕府はスペイン船の来航を禁止し、一六三九年（寛永十六年）にはポルトガルに対して断交を通告したので、近世初期の日本とスペインおよびポルトガルとの関係は途絶えた。

シャビエル以来七五年間（一五四九〜一六二四）の日本とスペインの関係において、日本人がスペインを訪れたこともあった。シャビエルと共に日本を去った鹿児島のベルナルドは、一五五三年にイエズス会の学院で勉強するためにポルトガルに赴いている。彼はポルトガルからスペインのサラマンカそしてバルセローナを通りローマを訪れ、再びコインブラに帰着したが、そこで一五五七年に亡くなった。墓誌がコインブラ市内にある。日本人最初の渡欧留学生でした。さらに九州の三侯がローマに派遣した天正少年使節は、一五八二年（天正十年一月二十八日）に長崎を出航し、ローマ訪問の途中スペインに立ち寄り一五八四年国王フェリーペ二

『原マルチノの演述』の扉
『天正遣欧使節記』（雄松堂書店、昭和五十四年）より

世に謁見している。この航海は長い旅であったので、その間に少年たちは勉強して、ラテン語やポルトガル語やスペイン語も上手になったのだろうと思うが、今と違い命懸けの船旅で落ち着いてゆっくり語学の勉強をするような状態ではなかった。四人の少年使節のなかで、原マルチノが帰途一五八七年ゴアのイエズス会学院で演述をラテン語で行なっている。この演述は宣教師たちの援助があったにせよ、ヨーロッパの言語に達した人が当時も存在したことは興味ぶかい事実である。演説集の表題の一行目はORATIO HABITA À FARA D. MARTINOで、表題六行の日本語訳は「生誕以来一五八七年六月四日、ゴアなるパオロ学院に於いて、日本人ファラ・マルティーヌス自ら及びその同僚の名において、彼らがヨーロッパより帰国して、イエズス会の巡察使アレサンドロ・ワリニャーニ（ヴァリニャーノ）師に行った演説」である。

さらに、伊達政宗の家臣支倉常長は一六一三年十月二十八日（慶長十八年九月十五日）ガレオン船サン・ファン・バウティスタ号で月の浦を出帆し、ローマに赴いた。これは伊達政宗がローマに派遣した支倉常長の使節であり、スペインのマドリードを訪れ一六一五年（元和元年一月二日）国王フェリーペ三世に謁見し、政宗からの書状と贈り物を呈上している。その後、元和六年八月二十四日（一六二〇年九月二十日）に帰国している。

二　キリシタンの学校

シャビエルの来日当時、キリスト教の説教には信徒である日本人のなかにスペイン語もポルトガル語も、ましてやラテン語を理解する者がいなかった。そのため日本人青年を養成して教化事業をすすめるために、一五七九年に巡察師ヴァリニャーノが来日し根本的に布教する計画がなされ、その事業の具体策に学校を設立することになった。

こうして、一五八〇年に有馬のセミナリオ（神学校・中学堂）を開設したのをはじめとして、ついで翌年、安土にセミナリオ、豊後府内（大分）にコレジオ（大学堂・大学林）、臼杵にノビシャド（修練所）を設立した。しかし、これらの学校は破壊されたり、焼き払われたり、一五八七年の秀吉の「バテレン追放令」により解散を余儀なくされた。パードレ（宣教師）と学生たちはコレジオとセミナリオを加津佐に、ノビシャドを大村に移した。さらにまたコレジオを山口、加津佐、天草と移し、ノビシャドも天草に、そしてセミナリオを有馬に移した。このキリシタン時代の「オラショ」と呼ばれる伝承本と口承によりひそかに伝えられた祈りを意味するラテン語に由来するOratioが、日本語や御詠歌ふうに転訛して九州の一部の地域で現在でも残っている。

一五九一年から一〇年間のあいだに天草のコレジオでは各種の書籍が出版された。この出版の目的が伝道のための宗教書に力を入れていることは言うまでもないが、『ラテン文典』や『ラテン語・ポルトガル語・日本語対訳辞書』などの語学書も印刷されている。天草のコレジオの日本人にたいするカリキュラムを見てみると、文法学級三年（語学課程）ではラテン語、ポルトガル語、日本語と日本文学の授業があり、哲学と古典文学学級三年（一般教育課程）と神学四年（専門課程）を加えて十年制大学となっている。ヨーロッパ人には日本語を修め、仏教を研究させ、また日本の風俗習慣を学ばせる組織であった。コレジオでは特にラテン語に力を入れたが、宣教師が期待したほどこの学校における生徒たちのラテン語の学力は伸びなかったようである。ラテン語は複雑な変化や活用があり、しっかり勉強しないと容易に上達しない言語である。

一方、コレジオが長崎に移ってから一六〇三年から四年に『日葡辞書』が刊行され、一六三〇年には『日葡辞書』のスペイン語版であるマニラ版『日西辞書』、さらに一六三二年にローマでドミニコ会士コリャード編『ラテン語・スペイン語・日本語辞書』が刊行された。

三　江戸時代鎖国期の漂流

三―一　栄寿丸の漂流（写本により永住丸または栄住丸とある）

徳川幕府の鎖国下にあって、スペイン語を話す異国にたどり着いたのは不運な漂流民たちであった。漂流民が見聞した外国事情は、鎖国下における海外に関する貴重な情報であり、また当時の日本では国防につながる資料でもあり、一般には公開されなかった。このため漂流民の出身地の藩によって内密に聴き書きが作成されている。

天保十二年（一八四一）八月摂津国西宮内町の中村屋伊兵衛持船栄寿丸（千二百石積）は、塩、砂糖、線香、小豆などを積んで兵庫を出帆し、天保十二年十月十二日下総国犬吠埼沖にさしかかったところ激しい西北の風に煽られて、船は翻弄し一二〇日余り太平洋を漂流した。幸いにも、マニラからアカプルコへ向かうスペイン船エンサヨー号に十三人全員が救助され、六〇日後にメキシコのサン・ルーカス岬付近に上陸させられた。

その後、サン・ホセ、ラ・パス、マサトランに寄寓して、九ケ月ほど滞留し数奇な運命をたどった。漂流民のうち二名は、願いが叶って無事に天保十四年（一八四三）十二月長崎に帰着している。さらに弘化二年（一八四五）には三名が長崎に帰朝した。しかしメキシコの地に残った者もいた。漂流民たちの体験談は、藩命によって彼らの見聞に基づいてそれぞれの藩で編纂された。沖船頭善助は、紀州藩に引き渡され『東航紀聞』が作成され、同じ紀州出身の弥市は四年八ケ月ぶりに帰国し、その後『弥市漂流物語』が作成された。阿波徳島出身の岡廻り初太郎の漂流談は『亜墨新話』四巻として纏められた。さらに松山出身の亥之助の漂流談は『海外異話』、長崎出身の多吉の場合は『墨是可新話』のように編纂された。

これらの漂流民のなかで、船頭の善助は若くして聡明であったばかりかスペイン語の習得も速く正確であり『東航紀聞』に記載されている事柄もかなり信頼するに値するので、つぎに漂流民のスペイン語学習の痕跡を『東航紀聞』から探ってみる。

三—二　『東航紀聞』から見たスペイン語学習

紀州藩徳川家家臣岩崎俊章は、帰国した善助さらに弥市を加えて数カ月にわたる聴き書き調査の後、『東航紀聞』十巻を作成して嘉永四年（一八五一）十一月藩公に献上した。『東航紀聞』巻之四では、歳暦節序の項で「ヌメロは数をいふ。デは辞のつなぎなり」とスペイン語の前置詞 de について説明している。そして numero de というスペイン語の筆記体が示されている。さらに、流寓した天保十三年の西暦の年号１８４２（千八百四十二）が算用数字で記されている。巻之五は、冒頭の番辞筆墨で「メヒコ国にて用いる文字をカステイヤノといふ。左より右へ横に連綿して書するなり。其字体運用俱に和蘭文字と大同小異なるものなり」と記して、「アベセ」を「字数二十八字皆音ありて義なし」と説明し、「メヒコ」はエメ・エ・ホタ・

イ・セ・オ＝mejicoの六字によって構成されると具体例を示し、真字二十八字、草字二十八字、行字二十七字、数字を例示している。さらに書簡の例文も見える。言辞の項では、テーマ別に単語集の形式になり、合計六一八の語彙あるいは表現について、日本語に対応するスペイン語のカタカナ表記が収録されている。

例えば、酒 ビノ、米 アロース、年 アニョス、今日 ヲイ、人 ヘンテ、寒シ フリオ、飲ム（酒ヲ飲ム）トマル、水ノ類ハ ベベル、読ム レル、泣ク ヨラル、呼フ ヤマル、ひとつに タンビエン、辞退するを アキヨノテンゴ、など日常生活に関係の深い語はかなり正確な発音が表記されている。同様に、数詞、月の呼称と日の呼称も数ケ所間違いはあるもののほぼ正確に表記されている。一方、動詞の原形、命令形などの活用形に混同がみられるのは、聞き取り調査が不十分なのであろうか。また感情表現の理解に困惑を感じたようであり、例えば、辱シ（かたじけなし）ムンチユシマスガラシ（muchisimas gracias）、物を数多呉るを ガランサ（gracias）のようにカタカナによる発音表記に正確さを欠いている。

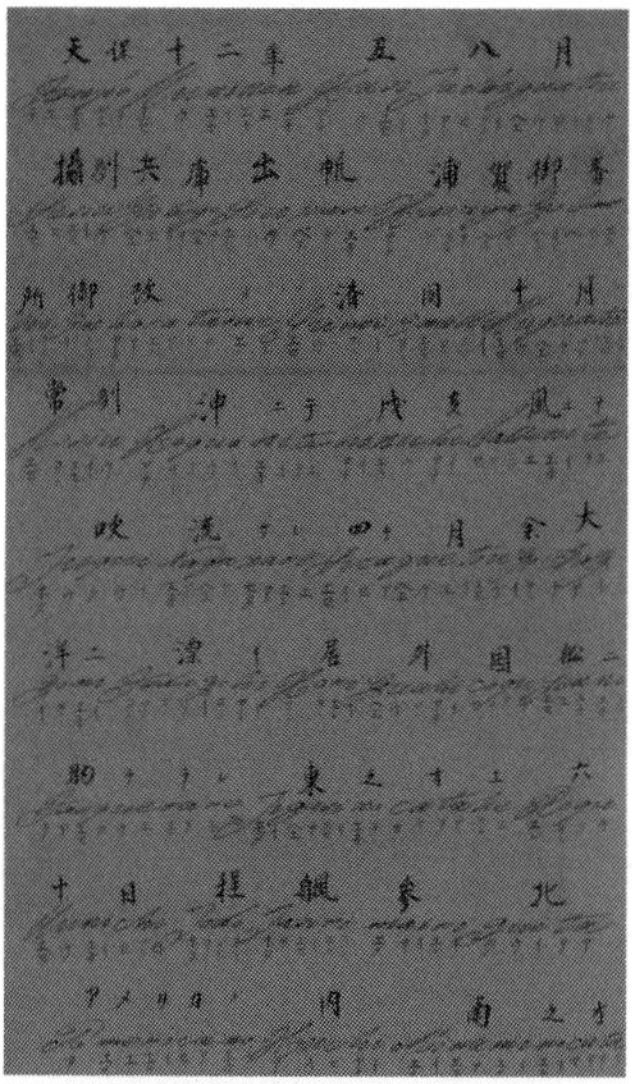
善助の書いたスペイン語
（「漂流記」早稲田大学図書館蔵）

善助の書いたスペイン語と日本語の

語彙集が、早稲田大学図書館に所蔵されている。
次に特に興味深い点をあげてみる。
1　島　イスラ「数アル島ヲイスラスと云。スは数アルノ辞ニヨリ己上スベテイスラスと云」のように、複数形についての説明を施している。
2　往　パモス（vamos）、歩ム　パモス（vamos）、古　ピエホ（viejo）、見　ペル（ver）、金口　ポトン（botón）のようにバ行音であるべきところをパ行音で表記している。それに反して、色太温　バタゴニア（Patagonia）、市場　ブラサ（plaza）、羽　ブルマ（pluma）、遊行　バシアンド（paseando）のようにパ行音であるべきところバ行音で記している。
3　立　パラルセ　パラテ、座　センタルセ　センタ（椅子ニコシカケルナリ）のように再帰動詞とその命令形の説明もある。ちなみに再帰動詞の命令形パラテはメキシコスペイン語の語法である。
4　死タ　ムリョウ（murió）のように直説法点過去形は一つ挙げられているのみである。
5　長　ラルゴ、短　ノラルゴ、広　アンチャ、狭　ノアンチャ、早　ポロント、遅　ノポロント、直デレチョー、曲　ノデレチョー、重　ペサ、軽　ノペサ、強　ホリテ、弱　ノホリテ、のように反意語について否定辞noを付加するだけで表している。
6　ほたえる　フガル（jugar）フガント（jugando）、あほういふな　ガランバ（¡Caramba!）のような西日本で使われる日本語が記されているのは面白い点である。

7　捜索するを　ブウスカ（busca）、子細ニ捜シ索ムルヲ　ブウスカブウスカト重ネ云、のような強調の表現も見られる。

8　来　ベンナカ（ven acá）、立　パラテ（párate）、さつまいも　カモテ（camote）、砂糖（黒）バノチャ（panocha）と言うようなメキシコスペイン語の語法や語彙も見られる。

9　これは何でござる　コムセヤマ（¿Cómo se llama?）マネラ人モ同辞ナリ、英辞アテヲコールデス）のように英語の表現もあげているが意味不明である。マネラ人とはフィリピンのマニラ人か疑問が残る。これ価は幾等じや　グヮントリネロス（英辞ハマチ、広東辞ココキトチンナ、作浦辞トウシヨトンチン）というように英語、さらに中国語の表現まであげられている。

10　陰門　チンガル、陰毛　ベンテボ、陰茎　チレ、睾丸　カラホ、のようなメキシコにおける禁忌語はすぐに覚えたものとみえて正しく表記されている。

（注）カッコ内のスペイン語表記は筆者による。

『東航紀聞』はスペインの統治下にあったメキシコの事情、漂流民たちが見聞したスペイン人やメキシコ人たちの習慣や食生活が紹介されているだけでなく、彼らが理解しようと努めた日常的なスペイン語の表現が記録に残されている。外国語の発音と文法についての基礎知識を全く持っていなかった二十一歳の日本人船頭善助は、九ケ月という短期間で反復的な聞き取りという学習により、どのようにスペイン語を理解し、日常生活に必要な六〇〇語を越える単語および会話表現を記憶することができたのだろうか。現代の私たちから比べると記憶能力は遙かに優れていたと思われる。スペイン船が日本との交易を禁止されてから、かなりの年月が経ちスペイン語などは疾うに日本では忘れられていた時代であったにもかかわらず、善助がもたらしたスペイン語はかなり正確である。

四　明治期のスペイン語学習

四―一　高等商業学校とスペイン語

東京外国語学校の起源は、安政四年（一八五七）に開校された徳川幕府の番書調所にまで遡ることのできる我が国最古の学府である。明治六年（一八七三）十一月四日に官立の外国語学校として東京外国語学校が建学された。

東京外国語学校設立当時の語学は教則第七条に、「此学校ハ多ク英、仏、独逸、櫓、支那語ヲ置クト雖モ伊班亜、伊太利亜、蘭、其余ノ語等モ或ハ置クコトモアルヘシ」とあるが、学校の教科にスペイン語が教えられた形跡はない。その後、明治十八年（一八八五）九月に東京外国語学校および同校所属高等商業学校と商法講習所が合併して東京商業学校となった。明治二十年には高等商業学校と改称された。

明治二十三年度の『高等商業学校一覧』によると、本科学生は、「英語ノ外、外国語ハ其一語ヲ撰修セシムルモノトス」として、「仏蘭西語、独逸語、伊太利語、支那語ノ内一語ヲ、本科第二年乃至第三年」で選択して履修することを定めている。このうちイタリア語とドイツ語を担当する「嘱託外国人エミリヲー・ビンダ」がいた。そして翌年の『高等商業学校一覧』には、それまでイタリア語とドイツ語を講じていた「雇外国教師エミリオー・ビンダ」の担当科目にスペイン語が加えられている。「本科学科課程表」に「仏西独伊支那語の内一語」と記されていることから明治二十四年九月の新学期にスペイン語がここに初めて選択外国語に加えられ、明治時代の日本の高等教育機関で教授されることになった。担当教官は「伊、西、独語エミリオー・ビンダ」と職員名にみえる。さらに、明治二十五年度の『高等商業学校一覧』によれば、「学科課程ノ規則第五條」として、「本科学科ノ内、外国語ハ英語ノ外尚ホ支那、仏郎西、日耳曼、西班牙、伊太利ノ五国語ニ就キ一語ヲ撰修セシムルモノトス」とある。

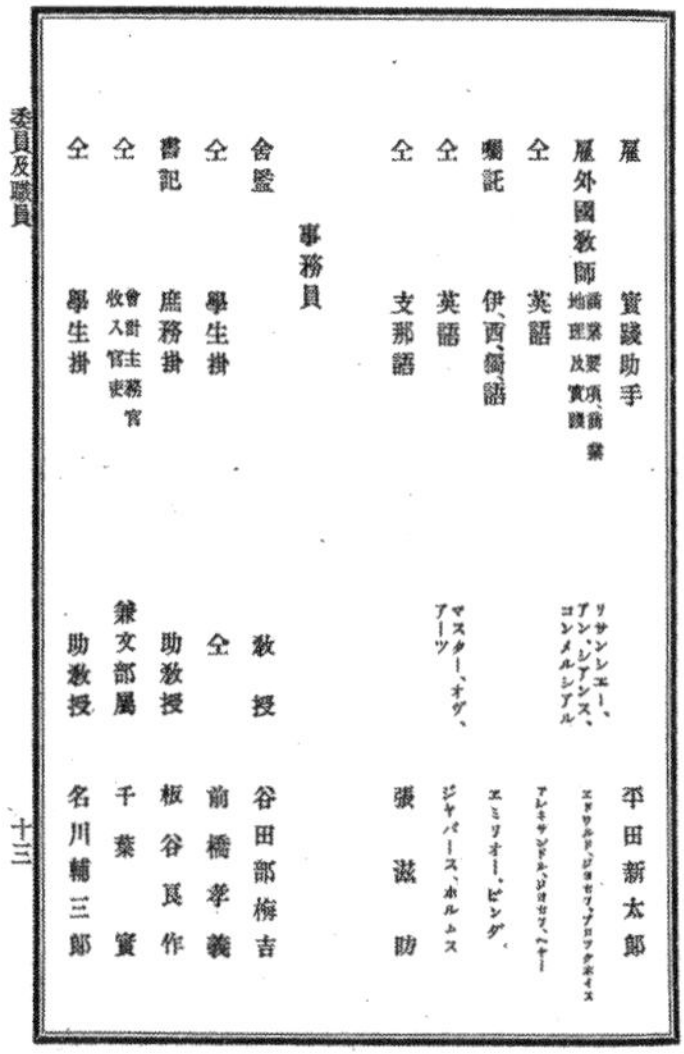
雇　實踐助手　平田新太郎
雇外國教師　商業要項、商業地理及實踐　リサンレエー、アン、シアンス、コンメルシアル　エドワルド、ジョセフ、プロフクホイス
仝　英語　アレキサンドル、ジョセフ、ヘナー
囑託　伊、西、獨語　エミリオー、ビンダ
仝　英語　マスター、オヴ、アーツ　ジャパース、ホルムス
仝　支那語　張滋昉
事務員
會監　教授　谷田部梅吉
仝　學生掛　仝　前橋孝義
書記　庶務掛　助教授　板谷眞作
仝　會計主務官　收入官吏　兼文部屬　千葉實
仝　學生掛　助教授　名川輔三郎
委員及職員　十三

明治二十五年高等商業学校一覧より
国立国会図書館ウェブサイトより転載

このエミリオ・ビンダなる人物は、明治二十六年二月月二日の『東京日日新聞』で報じている西班牙学協会の創立に曲木如長、榎本武揚と共に関与し、

この協会でもスペイン語を教えている。イタリア国籍のビンダ氏は、明治三十五年頃まで高等商業学校でイタリア語、ドイツ語さらにスペイン語と一人で三つの外国語を教えていた。その当時の高等商業学校における選択外国語の履修時間数は、週当たり第二学年が三時間で、第三学年が六時間である。授業要領の撰修外国語の項に、「学生ヲシテ尋常ノ該国文ヲ解釈シ又ハ其国語ヲ以テ商業日用ノ談話ヲ為シ得ルノ学力ヲ養成シ、且其作文翻訳ハ主トシテ日常商業ニ必要ノ書信、証券、計算表、報告文等ヲ学修セシム」とあることから、商業活動に必要とする語学力の修得が主なる目的であったことが窺える。

四―二　お雇い外国人エミリオ・ビンダ

外国人教師エミリオ・ビンダは、外交資料館に残されている記録によると、一八五〇年九月十日イタリア北部に生まれ、一八六七年ロンバルディアにあるロミノ学校を経てロンゴニー文学学校に入学。ラテン語修得の目的をもって言語学、論理学を学んだが、家庭の都合によりこの学校を中退している。二年後、スペインのマドリードにおいて私立の語学学校を開き、イタリア語、フランス語、ラテン語を教授し、以来パリ、ベルリン、サンフランシスコなどの諸学校で語学教師をしていたようである。ビンダ氏の来日は、資料などから明治二十三年二月頃である。高等商業学校へは、明治二十三年三月教務嘱託、同年十二月一日外国人教師月俸百円を持って雇い入れられた記録がある。明治三十一年六月に、ビンダ氏は八年間にわたる高等商業学校での語学教師としての功績を認められ、勲五等旭日章の叙勲を受け、さらに明治三十五年三月には二度目の叙勲の議がおこった。高等商業学校語学教師の職にあること十二年、その勤務実績が頗る顕著であることが認められてのことであるが、明治三十五年三月十二日エミリオ・ビンダは再度の叙勲を知ることなく、一語学教師として五十一歳の生涯を異国の地で閉じた。ビンダ氏については、第三部第二章で詳しく取り上げているので、そちらを参照していただきたい。

四―三　『外国語学雑誌』の西班牙語について

明治三十年（一八九七）七月に博文館より『外国語学雑誌』が創刊された。読者対象をおもに尋常中学生におき、かつ間近に迫った東京外国語学校の開校を充分意識しての発行であったことは、取り上げられている八種類の外国語が東京外国語学校の設置学科とほぼ見合っていることからも想像できる。英、独、仏、露、伊、西、韓、支那語の八つの外国語が、明治のその頃にあっては関心が抱かれていた外国語であったと言える。現在と大した変わりもないようにおもえる。

この『外国語学雑誌』は明治三十年七月の創刊から明治三十一年八月第二巻八号まで全十四冊をもって終わり廃刊となった。スペイン語の部を指導したのがエミリオ・ビンダである。ドイツ語は毎号四〇頁、フランス語は一五頁にわたり文法、作文、講読、会話について説明されている。韓語、支那語はそれぞれ五頁、そしてロシア語、イタリア語、スペイン語は四頁程度の紙数をもって発音からはじめられている。

第一巻一号のスペイン語の綴字と発音をもって、我が国におけるスペイン語の誌上講座が始まった。例えば、「cの発音をa，o，u，l，r，又は音節の末にある時は英文字kの音を発す。但しe，iの前に存る時は英語のtheft, thinのthの音を発す」のように説明している。動詞の活用にあたるものが動詞の結合という用語で説明され、動詞の時制については「西班牙語には二組の時あり即ち不十分なる過去及十分なる過去即ち大過去」と表現していることなどが興味をひく。「不十分なる時は現在とての働きを言ひ顕し或は談話する時も尚ほ継続するものとしての働きを言ひ顕し、英語にて現在分詞の前に在るwas若くはwereに等しきものなり」と英語を引き合いにだしながら説明している。はじめてスペイン語を習う者にとっては理解しにくい説明だ。またlavarseのような動詞を反照動詞の用語を当てている。この講座は、毎回単語とその訳語を示し、それらの単語を使った短文練習、必要に応じて文法上の説明を折り込んでいくといったパターンでスペイン語の項目は構成されている。直説法未来形の説明をもって一年半にわたるスペイン語講座は終わっている。接続法には到達していない。試みに、練習の短文とその訳文を見てみよう。

El extranjero tiene un hijo y una hija.（あの外国人は一人の息子と一人の息女を持って居ます。）

四―四　東京外国語学校創立

明治三十年（一八九七）四月二十二日、高等商業学校（明治二十年に東京商業学校を改称）に附属外国語学校が附設されるかたちで東京外国語学校が再興された。このときを東京外国語学校の創立としている。明治三十二年四月四日に高等商業学校附属外国語学校が東京外国語学校と改称されるとともに、文部省直轄の一つとして独立した。

高等商業学校附属外国語学校が設立され、英、仏、独、露、西、清、韓の七語科を置き、同年九月十一日から授業が開始された。西班牙語科の設置は初めてのことであったので、教師を探すのに四苦八苦したあげく、高等商業学校で第二外国語としてビンダ氏からスペイン語を学んだことのある檜山剛三郎を西班牙語科の教師に据えた。

当時、スペイン語を習おうとする学生はそれ程多くはなかったと思われるが、明治三十一年一月号の『外国語学雑誌』雑報欄に高等商業学校附属外国語学校の語科別生徒数を報じている。スペイン語は三年終了の本科と二年終了の専修科を含めて二三名、また第二外国語のうちスペイン語の履修延べ人員数を五三名とある。明治三十年西班牙語科本科の入学者は六名で、明治三十三年七月に卒業者三名（厚見元治、伊藤信一、金沢一郎）、専修科は明治三十年に十一名の入学者があり、明治三十二年に二名（渡辺清、津田弘季）の卒業者をだしている。

明治三十二年に東京外国語学校の名で新たに独立してスタートし、同年九月十一日から授業が開始されるにあたって、教師陣をつくることは学科より難しいことであった。新しい語学ということもあって教師が容易に見つからず、やっとのことで檜山剛三郎が見いだされた。そして十二月月にスペイン人フランシンコ・グリソリア（在職明治三十年〜明治三十六年）が来日した。ところが着任にあたり月俸でトラブルが持ち上がり、遅れて明治三十一年十月から明治三十六年七月までの約五年半にわたって日本人学生にスペイン語を教えた。明治三十二年度版『東京外国語学校一覧』によると、西班牙語科教師として助教授檜山剛三郎、講師篠田賢易に加えて、「バチラー・エン・フヰロソピア・イ・レトラス・イ・カテドラチコ　フランシスコ・グリソリア　西班牙人」の名が見える。

開校したばかりの明治三十二年九月における西班牙語科本科在籍数は三年生三名、二年生五名、一年生十三名であった。一方、職業を持っている者を対象とした別科生は一年生および二年生あわせて七名の在籍者数である。明治三十三年九月の西班牙語科本科生徒数は十三名に減少している。この年には新入生が入学しなかったためである。

当時の授業の様子を知るには、大学書林発行の『月刊スペイン語』に永田寛定が連載した「日本スペイン語学の先駆者たち」が興味深いことを伝えている。授業は檜山助教授が日本語で、グリソリア教師は英語で教えたとあるが、とくに教科書があるわけでなく、教師の話す文法や単語や慣用句をすべて筆記し暗唱するといった具合で、八年後の明治四十年に入学した永田寛定の時もあまり変わりはなかったと述べていることからも、明治時代のスペイン語の授業はおおよそ想像できよう。とくに、グリソリアは動詞の変化を徹底して学ばせたとある。こうした授業の成果は、篠田賢易・金沢一郎（明治三十三年七月東京外国語学校卒業）編纂になる『西班牙語動詞字彙』明治四十年三月の刊行につながる。

外国人教師は、グリソリアのあとを受けて、エミリオ・サピコが担当した（雇用期間明治三十六年十月三十日より三十九年八月三十一日迄）。三人目はゴンサーロ・ヒメネス・デ・ラ・エスパダ（雇用期間明治四十年一月より大正五年三月迄）で、この外国人教師は学生の育成にいたって熱心であり、彼は教室に生活場面を表した絵入りカードを持ってきては、一同にカードを示しながらその表していることを説明し、また、生徒を指名して黒板に短い文を書き品詞別に解説した後、何の品詞であるかを答えさせるといった具合に授業をすすめたようだ。教室では全てスペイン語で押し通したと言われている。さらに、「一八九八年代」の作家たちと同世代と言うこともあってか、ピオ・バローハやアソリンなどの作品を読ませたりもしたらしい。明治四十二年卒業の永田寛定は、東京外国語学校西班牙語同学会会誌一号（明治四十二年）から十号（大正七年）に、これらの作品の翻訳を発表している。

第二章　スペイン語辞典発達小史

西和辞書の歴史は、これまで書誌学的観点からの研究も少なく、訳語を中心とした語学的見地からもないように思う。各辞書の系譜や特色、時代の文化的背景とのつながりも見のがせないものであろう。本章ではそのような点に留意して、明治時代から現在までのスペイン語辞書を概観してみたい。

日本人とスペイン語の出会いは、一五四九年フランシスコ・シャビエル（ザビエルに同じ）の鹿児島渡来に始まる「キリシタン」の時代である。この時期に宣教師たちによる出版事業がおこなわれ、辞書に関しては、『拉葡日対訳辞書』（一五九五年）、国語辞書の性格をもつ『落葉集』（一五九八年）、そして、『日葡辞書』（一六〇三年）が天草や長崎の学林で刊行された。ここに「日本語学」は宣教師たちの手によって開花したと言える。その後、一六三〇年に『日葡辞書』のスペイン語版であるマニラ版『日西辞書』、さらにローマでコリャード『拉日辞書』（一六三二年）が刊行されたが、禁教令によりイベリア文化との交流が途絶えてしまったので日本人による「イスパニヤ学」は生まれようはずがなかった。

一方、鎖国下の江戸時代天保年間に永住丸（写本により永寿丸・栄寿丸と記されてもいる）が漂流し、スペイン船に救助されメキシコに渡った漂流民（善助や初太郎など）によるスペイン語学習の跡をしめす語彙集があるが、実際、日本人による外国語学習の積極的な肉薄は蘭学時代に始まるわけである。

一　明治期の出版物

明治以後、外国語とくに英語が日本に与えた衝撃は大きな変動をもたらす原因であり、維新後、日本の近代化において言語的にもっとも重要な役割を演じたのは英語であろう。しかし、明治も半ばをすぎると初期の文明開化の手段としての英語とは別に、他の外国語へと関心を寄せ、とくにフランス、ドイツ、ロシアなどの文学の影響を受けるようになった。日清戦争（明治二十七年七月〜明治二十八年三月）の後、外国語の必要性を痛

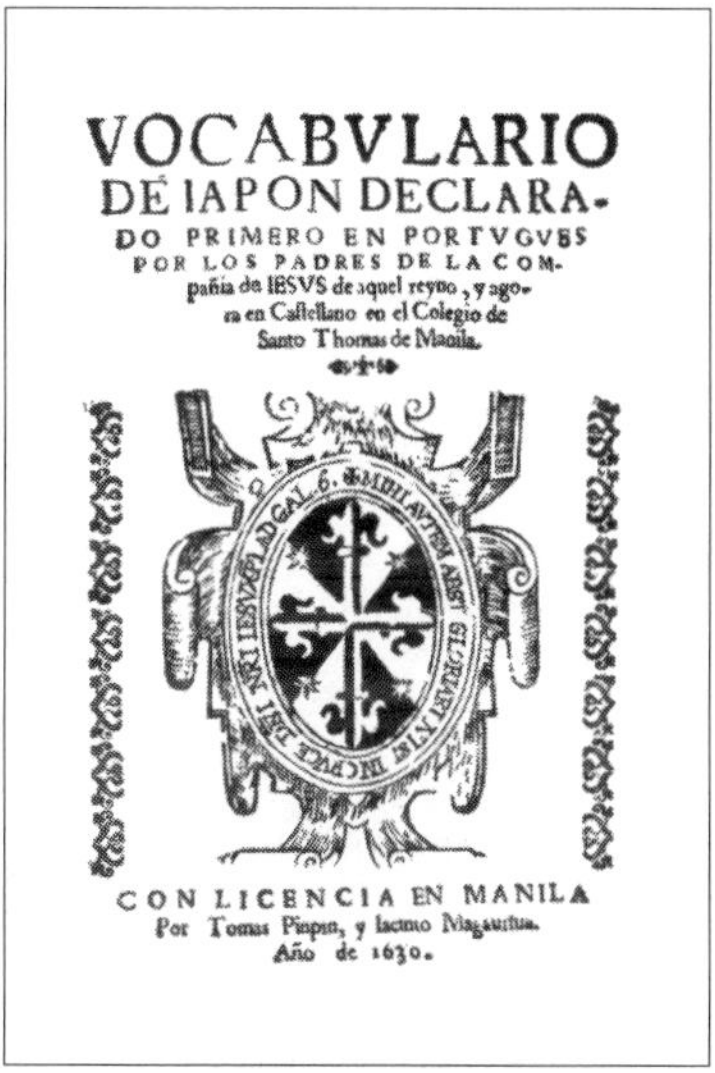

『日西辞書』復刻版扉
（岩谷十二郎氏贈）

感した日本政府は明治三十年（一八九七）高等商業学校附属外国語学校を開設し、明治三十二年には東京外国語学校を設立し、スペイン本国から「お雇い外国人」を教師に招いた。こうして日本におけるスペイン語教育は、東京外国語学校とともに始まった。その草創期における時代にどのような人々が、どんな具合にスペイン語を教えたかについては、永田寛定による『月刊スペイン語』（大学書林、昭和四十二年五月〜昭和四十四年一月号）に執筆された記事に詳しい。

明治期にはスペイン語に関するかぎり、英語やフランス語と異なって会話書が真っ先に出版された。つまりスペイン語は文化を移入しようというのでなく、中南米に「輸出用」のための語学の性質をもっていたと言える。スペイン語の学習書の大部分は、商業上および殖民上の目的のために出版された貧弱な会話書が主であった。辞書すら出版されなかった。

明治期に出版されたスペイン語の学習書には、次のようなものがある。

①C. Yñigo 著『スパニシェ会話』明治三十年六月二十六日発行（明治四十三年六月・三版発行）丸善株式会社書店、一三cm、二二四頁。

この書は、国立国会図書館所蔵（八二一―三七六洋）のうち日本で出版されたもっとも古いスペイン語文献であろうと思われる。明治三十年の発行で、スペイン語の会話書が高等商業学

①

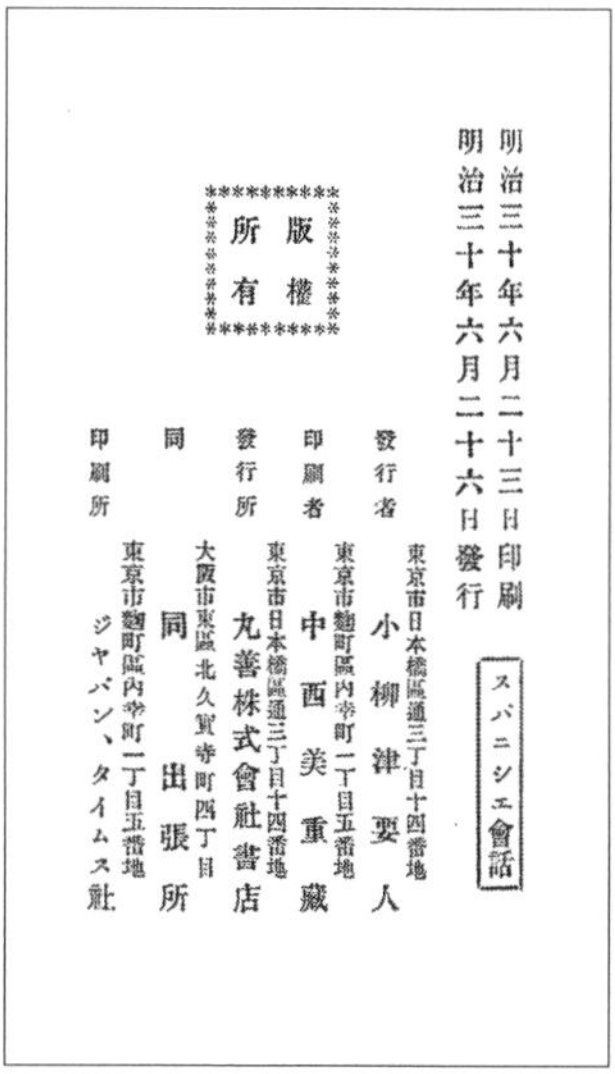
明治三十年六月二十三日印刷
明治三十年六月二十六日發行

版權所有

スパニシェ會話

發行者　東京市日本橋區通三丁目十四番地　小柳津要人
印刷者　東京市麴町區内幸町一丁目五番地　中西美重藏
發行所　東京市日本橋區通三丁目十四番地　丸善株式會社書店
同　大阪市東區北久寶寺町四丁目　同　出張所
印刷所　東京市麴町區内幸町一丁目五番地　ジャパン、タイムス社

校附属外国語学校設置と同時に始まったのも何か不思議な縁である。この書の奥付に『スパニシェ会話』とあるが、表紙は *VOCABULARIO JAPONÉS Y LECCIONES JAPONÉS*『日本語語彙集及び日本語のレッスン』por C. Yñigo T. de N. とある。印刷所は、当時内幸町にあったジャパン・タイムス社で行われている。かつて丸善「本の図書館」の東氏に出版の経緯などがわかればと思い伺ったことがあったが、『丸善百年史』には残念ながら経緯について掲載されていなかった。

さて、扉の次の頁に「この小語彙集は、これまで日本でたくさん発行されたさまざまな袖珍辞書から採ったもので、スペイン語であらわされた最初のものという以外、何のメリットもないが、貴殿の過ちを弁解するのに本書は役に立つ」とスペイン語で書かれた注意書きを訳すとこのようである。著者のイニーゴなる人物については、明治期に来日したスペイン語教師には見当たらないが、いかなる人物なのだろうか。偶然にも、私は一九九二年マドリードの書店で、この書の復刻本を見つけた。出版社はEdiciones Hiperíonとある。早速、この出版社に問い合わせ、どうして復刻本を出したのか尋ねたが、明確な返答はなかった。ただアジア関係の本を出版しているので好奇心から出版したようだ。マドリード国立語学学校日本語学科のラミーロ・プラナス先生にも念のためお聞きしたが、この本はご存じであるが詳細はよく分からないとの事であった。当時の日西関係をみると、明治三十年に日西修好交通条約が調印されている。また言語学者のフーリオ・カサーレスがフランスのパリ外国語学校で日本語を学び、一八九八年に『科学連盟年報』のなかで日本の音楽について発表している。

内容は、発音そして数詞、とくにlos numerales auxiliares（助数詞）［一匹・疋、一羽・把、一杯、一足、一脚、一首など」が日本語では日常よく使われる。したがって、それを知ることは大変望ましい、と記しているように外国人が使うように編まれている。一—九七頁が西和語彙、九八—一三九頁が和西語彙で、それぞれローマ字表記の日本語とスペイン語の単語と慣用句からなっている。

さらに、明治期に刊行された書物についてあげてみる。

②片桐安吉著『日本西班会話編』明治三十一年二月、神戸熊谷久栄堂発行、一七七頁。（第三部第三章で詳述する）

③岡崎隆一著『西和会話篇』明治三十二年二月、門部書店発行、六二頁。

小言に、近時本邦ハカノ西班牙語ノ通用スル諸国ニ対シ商業上及ビ殖民上ノ関係頗ル密接ナラントス之レ此ノ著アル所以ナリ（中略）唯西班牙語ヲ知ラント欲スル初学者ノ参考トナルヲ得バ足レリ、と著者は識している。そして、スペイン語の表記はなく全てカタカナで記述している。先の『スパニシェ会話』が日本語の表記がないのに対して、こちらはスペイン語の表記がない。

本書の著者岡崎隆一という人物は、岡崎屋書店と関係があるのだろうかという疑問が湧いたので調べてみると、著者の岡崎は明治三十二年には東京外国語学校西語科別科二年生であったことがわかる。この書の序文に「近時本邦、かの西班牙語の通用する諸国に対して商業及び殖民上の関係すこぶる蜜ならんとす」と記されているように、実用的な会話書であることが分かる。この書が出版された年には、ペルーに第一回外国移住がおこなわれている。岡崎書店は明治・大正から昭和初期にかけてスペイン語関係の書物をかなり出版している事実は注目すべきである。

④エミリオ・サピコ校閲、金沢一郎編纂『西班牙語会話篇』明治三十八年一月（第三版明治四十一年・訂正四版明治四十二年）、大日本図書発行、三三六頁。（金沢については、第四部第三章で述べる）

⑤戸谷松太郎編著（南中米墨国用、実地活用通訳）『スパニシ（イスパニヤ）会話』明治四十年一月、扉は商人・興業家・労働者『日西会話書』全、である。東京市神田区雲梯舎発行、一一四頁、定価金三十銭。書名にひらがなで、「にほん　えすぱにや　くわいわしょ」とある。戸谷《とだに》は東京市出身で神戸市布引町に住み、仕事でメキシコに滞在した経験があるようだ。例言に初学者のために実用会話を編纂した旨が明治三十九年十二月十五日付で記されている。

⑥東京　岡崎屋書店編『西班牙語独修』明治四十年八月、一五一頁。

諸言に、近時我国民のフィリッピン群島メキシコ及南米の貿易移民事業に志す者頻りにして其数漸く増加し従ってイスパニヤ語を攻究するもの多し、然かも邦語にて能く斯語を学習し得

⑤

国立国会図書館ウェブサイトより転載

⑥

るの良書に乏し弊舗是を遺憾として爰にランゲージセリースの一つとして西班牙語独修を公にす、蓋し此語学界の最大欠陥を補はんとするの微意に他ならざるなり、と見える。また、はしがきには、THIMM'S式にスペイン語を説明し、単語編から文法編を学習して、そして会話編に到達してスペイン語を習得するように説かれている。比較的よくできた学習書である。スペイン語のタイトルは*CASTELLANO SIN MAESTRO*「先生の要らないカスティーリャ語」である。

目次は、西班牙文字其読方、発音法一班、単語篇、文法一班、会話篇である。特異な項目として、カナリー諸島に於いて使用せる特別なるもの、と題

⑧

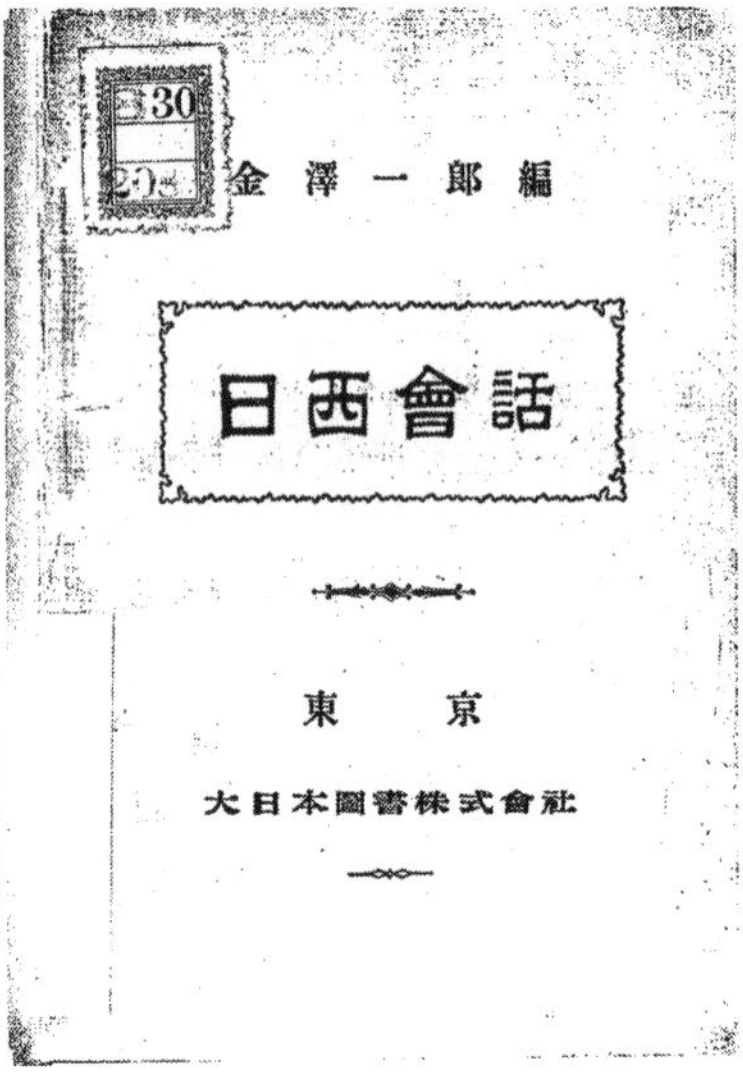

⑨

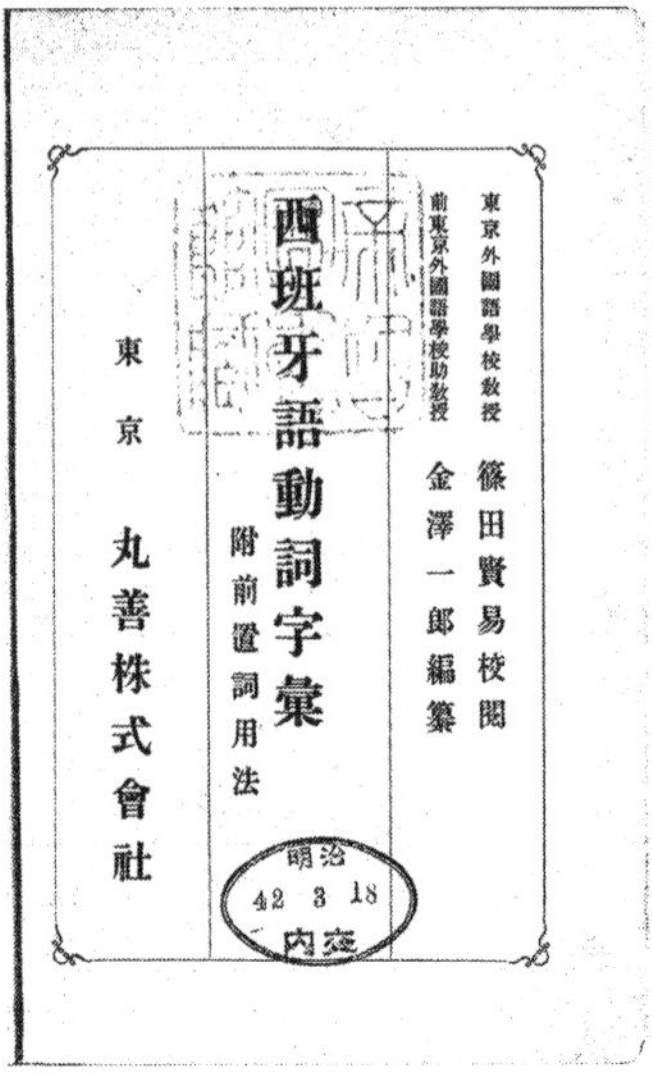

国立国会図書館ウェブサイトより転載

して語彙の記述があるのも興味深い。例えば una tartana ウーナ タルターナ 車、がある、動詞については指示法（現在のスペイン語学習では直説法）現在とあるのも目を引く。

最近になり、島根県松江市の古書店から本書の第三版大正元年十月発行、金二十五銭を入手した。若干のイタミと虫食いがあるが比較的良い状態であった。

岡崎屋書店は大正から昭和戦前にかけてスペイン語読本、文法書、会話書などを発行している。

⑦黛忠太郎著『スペイン語会話篇』（墨西哥南米諸国）明治四十年八月、竹友舎発行、七二頁。（第三

部第四章で詳述する）

⑧金沢一郎編『日西会話』明治四十一年十一月、大日本図書発行、一一五頁。

スペイン語のタイトルは、*CONVERSACION DE HISPANO-JAPONES POR I. KANAZAWA*である。

内容は単語、慣用句、日用会話で構成されている。なお、金沢は同年の四月に『ほるとがる（ぶらじる）語会話』を出版している。肩書は、前東京外国語学校教授とあるが、一旦外国語学校を辞めて南米に視察旅行に出かけていた時期であろう。明治四十一年一月東洋汽船社員となり笠戸丸でブラジルに渡航した。帰国後の大正八年五月に外国語学校教授に就任している。

⑨篠田賢易校閲・金沢一郎編纂『西班牙語動詞字彙』明治四十二年三月、丸善発行、二一九頁。

このように明治三十年代から四十年初期にかけて主に会話書が発行されていることがわかる。

二　明治・大正期の辞書

さて、明治期にどのような辞書が用いられたかは不明であるが、昭和初期の学生たちが西和辞書に関するかぎり村岡玄の辞書以外に何もなく、村岡の辞書を使っていたことは確かである。あるいは適当な西英辞典、もしくは西西辞典のラルース小辞典などで不便な思いをしながら使っていたらしい。中村謹二氏（昭和三年東京外国語学校卒業）に筆者は昭和五十六年頃伺ったところ、中村氏はやはりラルースの辞典を使っておられたようだ。西英辞典などしかなく不便をきたしていたので、すでに村上直次郎教授の努力で、明治四十年秋頃から当時の東京外国語学校教授篠田賢易が西和辞書の編集を始めたがA―Fの半ばで中断してしまったらしい。篠田は四十半ばで鬼籍に入ってしまった。辞書編纂の過酷さを知らせるものである。Fの途中までの原稿が東京外国語大学附属図書館に保存されてあるらしいが筆者は確認していない。

一方、花村哲夫教授（昭和六年東京外国語学校卒業）は、「スペイン語の辞書」（小林英夫編『私の辞書』所収、丸善、昭和四十八年）のなかで、「スペイン語の辞書として最初に出たのは昭和二年の村岡玄編『西和辞典』でスペイン語の研究が現在ほど盛んでなく、（中略）大多数の人には殆ど認識されていない時代に、自費出版したものである。現在の我々からみて不備な点は多々あるものの、なかなか立派なものであった。現在の高橋『西和辞典』の先駆をなすもので、労のみ多く経済的に恵まれない困難な仕事をなしとげた著者のスペイン語に対する深き愛情に対し、私は敬愛をこの紙上を借りて表明しておく」と記している。

明治の終り頃から編纂を始めて、大正三年五月に『四國對象南米語自在』という本が東京の活人社から出版された。そして、この本は大正十三年七月に大阪に舞台を移して、芸術日報出版部から再版されている。南米移民を目的とした海外雄飛会編になるものである。この書については、第四部第一章で詳述する。

二―一　酒井の辞書

ところが、大正五年十月六日に酒井祥州という人が海外社から『新訳西和辞典』（定価一円、本文二九七頁）を発行している。スペイン語での書名は *DICCIONARIO ESPAÑOL-JAPONÉS por Shoshu Sakai*（改版では ICHIRO SAKAI とある）、判型は縦一五cm×横九cmである。

この辞書は、第三版が大正七年に、そして大正十四年十二月に改版（三〇七頁）が先にふれた岡崎屋書店から出版されている。酒井祥州という人は市郎が本名で、大正二年に東京外国語学校を卒業し、当時東京府世田谷村にあった海外植民学校、昭和十六年からは拓殖大学で教鞭をとっている。

酒井市郎は辞書のほかに、『独習西班牙語リーダー』（大正五年・海外社）、『連結式日西自由

大正十四年改版扉

会話』（大正六年九月・海外社・九一頁）、『連結式ぶらじる語会話』、『独習西班牙語講義』（大正七年三月・海外社・一九四頁）、『最近西班牙語会話』（大正七年九月・改版大正十五年岡崎屋書店）、『独修西班牙語読本』（大正八年・海外社）、『速修西班牙語文法』（改版昭和二年十一月五日・三版昭和二年十一月八日・六版昭和五年九月十五日）、『独習西班牙語読本』（昭和五年六月・岡崎屋書店）などを出版している。何れも教科書として使ったものであろう。書名と出版社を変えての再版である。これらのテキストは何れも大正中期から末期にかけて岡崎屋書店から発行されているが、後に、この書店は昭和十六年に太田兼四郎著『西班牙語辞典』を出している。

酒井の辞書は「新訳」とあるように、たぶん西英辞典を訳して出版したものであろう。それを裏付けるに、村岡玄著『西和辞典』（昭和二年発行）に関する広告宣伝が同じ著者による『西和熟語慣用句辞典』（昭和四年一月発行）の奥付の裏頁に次のように見える。

「本辞書は西英ボキヤボラリーの焼き直しの類ではなく、スペイン語を必要とする日本人が著したるもの（東京朝日新聞評）」とある。このなかで「西英ボキヤボラリーの焼き直し」とは、暗に酒井の辞書を指しているのであろう。村岡は新聞評を介して酒井に対決の姿勢をとり、自信のほどを覗わせる文を入れている。

何はともあれ、先ず日本人の手で成った最初の西和辞書を見てみよう。

西班牙語いろは（一頁）、発音法（二―七頁）、発音法と語勢（七―八頁）の説明があり、序文を東京外国語学校教授エスパダ氏がスペイン語で一九一六年七月十一日に記している。その序文を日本語に訳すと「私は日本語、とくに書き言葉に精通していませんので、本書の価値を批評することができないが、日本のスペイン語科の学生諸君に祝辞申し上げたい。酒井市郎氏の労作に感謝して、学生諸君は今から、西英そして英和といった二度手間をかけて辞書を引く煩わしい方法から開放されるであろう」とあるように、これまで西和辞書がなかったことを窺わせる。しかし辞書とは名ばかりで、まだ単語帳のレベルである。

エスパダ氏はスペイン語教師ゴンサーロ・ヒメネス・デ・ラ・エスパダが正式の名前で、明治四十年から大正五年まで東京外国語学校で教鞭をとった外国人教師で、当然、大正二年に卒業した酒井もエスパダ氏からスペイン語を習っているわけである。エスパダ氏は、在職中、一八九八年代のスペインの作家たちの作品をテキストにしてスペインの新しい文学を知らせようと努めた。また、新渡戸稲造著『武士道』のスペイン語訳を出してもいる。

さて、酒井の辞書の「自序」をみると次のようにある。

「近来我が国に於いて西班牙語を研究するもの日に増加するに至れり、従って斯語の研究に関する書籍漸く其の数を増すに至りたるも、辞書に至りては全く其の数影だに現はさず著者も慷慨徒に日を空しうし居たるも今や看過するに忍びず満身の努力を鼓して本辞書を公にするに至れり」

大見得を切った文章であるが、それは当時のスタイルであろう。

収録語彙については、「序」でこのように述べている。

「本辞書たるや元より小冊子に過ぎず従って西語の言葉全部を網羅するは不可能事と雖も、其の編纂法たるや応用に最も重きを置きたるを以って読者は常に此の応用の二字に心を用い本書を活用せられなば意外の便利を感ぜらるるを信じて疑わず」

さらに、名詞を中心にすえて、名詞から転化した形容詞・副詞で意味が似通っている語を省略する場合があるが、もし読者が必要とする語がない場合は、辞書を放棄しないで名詞よりその意味を定めることに努力するべし、とある。はなはだ勝手と言うか、原始的な辞書である。ただ訳語を与えるのみで、例句・例文がない。辞書の性格が最もよく現れるのはgrammatical wordにおいてであるが、そこで、代表的なものの一つである前置詞Deについてみても、これだけである。De（前置）カラ、ノ、マデ、付テ。専門用語として二語あげられている。Aballastar（他）［海］鎖綱ヲ引ク。Abanderado（男）［陸軍］連隊旗、旗手。文法用語として、Ablativo（男）［文法・奪格］取リ去ル、取退ク。

本書略字解に、（非）は非人称動詞とあるが本文中に記述はない。ただ、（不）不人称動詞として Llover（不人）雨ガ降ル、降雨ス。Lloviznar（不人）細雨ガ降ル、とある。間投詞として、¡Chito! 静カニ！ダマレ！の一語収録されている。また、レアル・アカデミア・エスパニョーラの辞書にも見当たらない語がある。たとえば、Abofellar（中）プット息ヲ吹ク、吹キ払フ、自慢ス、尊大ニ構フ。（中）の略字解がないが、恐らく中世語であろう。

「改版増補に当たって」には、「大正十二年の大震災にて製版全部を烏有に帰し久しく絶版となりし処今回大増補をなし再び出版の機運に向へり」とあるが、改版は僅か十ページを増やしただけで、「大増補」とは名ばかりである。

また、酒井は『植民』*The Colonial Review*（日本植民通信社）大正十三年七月号にスペイン語講座を開講し、八月号に西班牙語手ほどきを執筆しているが、その続きは通信教育の事情の問題で中断している。

二―二　大正中期から末期に出版された辞書

①金沢一郎編『和西新辞典』大正六年。（第四部第三章で詳述する）

②金沢一郎編『西和辞典』大正十二年。辞書というよりは単語集のようなもので、当時の東京外国語学校に入学した初学者にとって手ごろで便利であったらしい。

③日墨協同会社編纂『西日辞典』大正十四年十月二十日、東京右文社出版部発行。一一〇七頁、付録二六頁（動詞活用）。（第四部第五章で詳述する）

この辞書はメキシコに渡った日本人移民者たちが、辞典が欲しいが日本の学者も当てにならないので、会社が自らの手で大正三年から編輯を始めて完成したものである。編輯者は照井亮次郎で、理学博士田丸卓郎、金沢一郎、医学士熊谷安正らの校閲になる。この辞典には訳語にひとつひとつ日本式ローマ字がつけてあり、外国人でも使いやすく工夫されている。田丸卓郎はローマ字運動の推進者で、この方面でも協力したものと思われる。「緒言」には、次のようにある。

「榎本子爵ノ計画セシ墨国殖民トシテ我等ハ西語国民中ニ孤在シ具ニ彼比ノ辛酸ヲ嘗メ尽セリ、誤解弁セズ冤枉解ケズ。（中略）理由ナキ嘲笑ニスラ酬ユル能ハズシテ屈辱ノ恨ミヲ尽シ悲憤

①

③
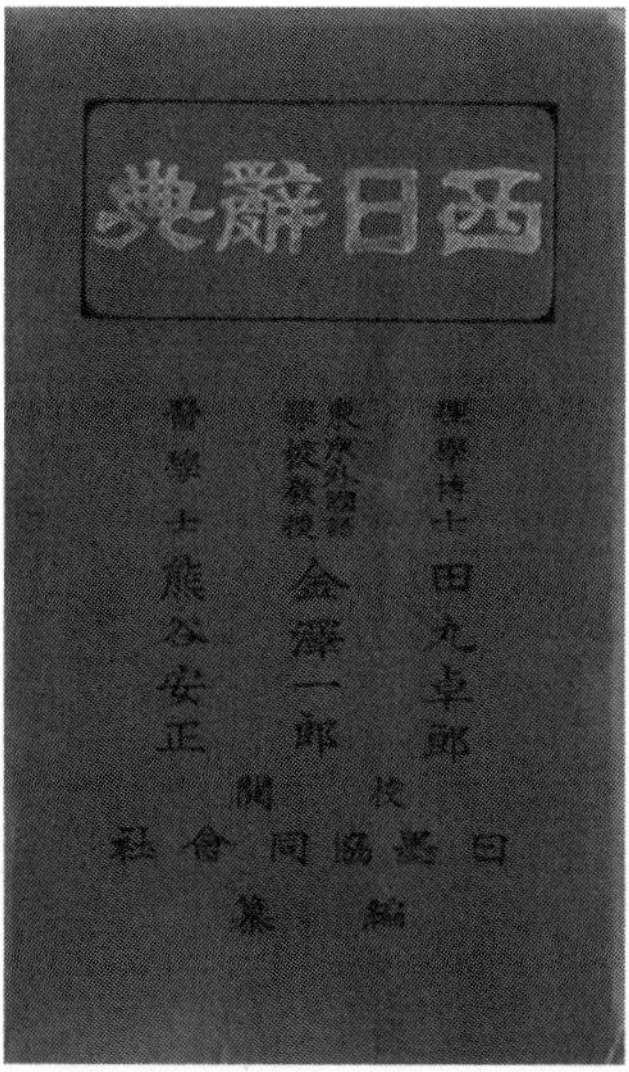

ノ涙ニ送リシ日幾許ゾ」

このように見えるのは、明治三十年榎本武揚のお声がかりで拓殖の夢をかけて出発した榎本移民団のことである。明治三十九年にはアウロラ小学校を建てローマ字教育を行った。刮目に値するローマ字訳の本辞書『西和辞典』の編纂と発行である。

④この時期の和西辞書に、村岡玄編『いろは音引和西会話辞典』スペイン語の書名は *DICCIONARIO NIPONES-ESPAÑOL* である。大正十四年十月、東京西班牙語学会発行。（二三九〜二四〇頁参照）

三　昭和初期

①村岡玄編『西和辞典』昭和二年六月二十日初版発行、東京西班牙語学会発行、定価六円五〇銭、八二〇頁。序は文学博士村上直次郎が記している。（村岡玄については第五部第一章で詳述する）

後に白水社、さらに日本出版貿易により併せて四回の増補がなされた。最後の増補は昭和三十一年初夏、総頁一一二〇、語数十数万語にも及んだ。編者の基本的姿勢は、「いやしくもイスパニア語の文献に現れたる単語は、目にふれた言葉は一切あますことなく、ことごとくこれを収載する」であるから、その収録語数では「既刊の類書」ばかりでなく、現在でもなおこの辞書を凌ぐ類書はない。平成二十七年に白水社から発行された『スペイン語大辞典』は見出し語数十一万語となり、村岡の辞書に匹敵する語数である。

②村岡は、昭和四年一月矢継ぎ早に『西和辞典』の第二部として『西和熟語慣用句辞典』五六五頁を出した。

①

②

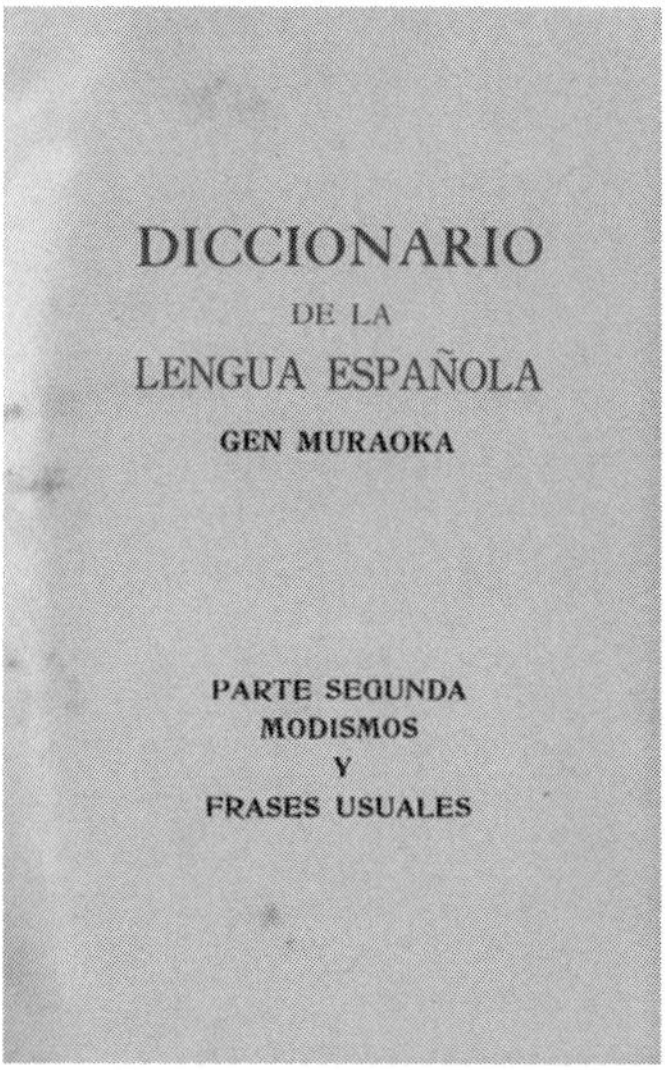

この辞典の「はしがき」に、「今回郷里へ帰農して充分読書研究を重ね、（中略）名実共にあざむかる『和西辞典』刊行の素志を遂げた」旨を識している。村岡は明治四十三年東京外国語学校を卒業し、ほとんど公職に就くことなく文字通り「野にあって」独自の道を独歩した。さらに、「はしがき」で「和西辞典」の刊行は機会あるたびごとに表明されているのだが原稿すら完成をみているといわれながら、上記二辞典および『独修西班牙語全解』を著し、「資に乏しい自分は、半銭の貯えもなく、従って和西辞典は直ちに之れを印刷に附すねことはできぬ」と見えるのは、悲惨なかぎりである。だが、村岡は息女恭子氏との共編で『地名辞典』（西・葡・墨・比・中南米・ドミニ

③

カ・ハイティー）を昭和十七年十二月大観堂より刊行した。小村まで含んだ広大な地域の地名、山や河の名をあげて産物、人口など説明を加えた驚くばかりの辞典である。また、この辞典より先に昭和十五年五月に同じ大観堂書店より『新エスパニア語文典』（二六四頁）を著している。この書のなかで「現在にあってはエスパニア語に精通されてる方も多数あり且つ妙齢の婦人にてエスパニア語をまなばれる方の益々多くなるのは国家の為慶賀に堪えないところである」（三頁）という文章が目にとまる。

③この時期の辞書として、ホアン・カルボ著『日西大辞典』をあげておく。昭和十二年三月初版発行、三省堂、総頁一四六〇、当時で定価二十円と高価な辞典であった。序に、現今日西辞典ノ好著尠キ際本書ノ出版ハ洵ニ時宜適シタルモノト認メ、比律賓トノ文化的友好増進ヲ目的トスル本協会援助ノ下ニ発行ヲ見ルニ至レリ、とあるように財団法人フィリピン協会が援助をして三省堂から発行された。

著者のカルボ神父はフランシスコ会に属し、マニラのサント・トマス大学の神学教授として日本を去るまで二十七年間にわたって四国に滞在して、二十年の歳月をかけて完成した膨大な労作である。この辞典を世に送り、当時のスペイン語教育の指針にしようとした信念は凄まじいものである。内容は語彙そのものであるが、そのまえがき（一―六頁）に記された日本語文法の解説に見られる学究態度は高く評価されるべきだと思う。この大作が刊行された頃は、日本は益々戦争に深入りする時代であり、時局ながら海軍情報部が多数買い上げたらしい。

④

④太田兼四郎著『西班牙語辞典』昭和十六年五月十五日初版発行、岡崎屋書店、五〇七頁。

まず、「序文」から編集姿勢についての一節を見てみよう。

「西班牙語を学ぶ者の大部分は中南米諸国への発展を志す者か若しくはその関心者である。（中略）今後益々彼の地に発展せねばならぬ運命を我々はもっている。斯る点に留意せる著者は出来る限り中南米語を蒐集して本書に採録した積りである」

太田の辞書は、中南米で使われている語、たとえばguagua「バス」のような語に見る意味の差異や語法に関しての説明と例文があげられている最初のものである。その後、西和辞書においても語法、文法に関して注を付けることがほとんど常識となってきたことは、言葉にたいする関心がふかまってきた必然的な成り行きであろう。

太田は、大正末期に東京外国語学校選科を中退して、昭和六年六月にアルゼンチンに渡り邦字新聞に関係した。帰国後、海外植民学校で教鞭をとった。アルテミオ・リカルテ氏校閲になる『西班牙語広文典』昭和十二年がある。校閲者のリカルテ氏とは、哀れな末路を遂げたフィリピン独立革命の志士リカルテ将軍のことで、太田氏は最期までリカルテ将軍と行を共にした奇篤な人物である。遺著『鬼哭』昭和四十七年一月は太田氏の異色の生きざまを物語る書である。

⑤戦中に発行された専門辞書に、大矢全節編『西日医学大辞典』一九二九頁、一五㎝、大阪 日本出版社、昭和十九年九月に千部発行がある。大矢は医学史の大家で国立病院の医長を務め、生涯にさまざまな言語の医学辞典を出している。

四　昭和戦後

昭和戦後に新しく出版された西和辞書および和西辞書は、最近まで店頭で市販されていたが、平成になり数社の出版社から新たに優れたスペイン語辞典が刊行されたことにより、一部は姿を消してしまったようだ。主な辞書および学習辞典など出版社別にあげるにとどめておく。

大学書林

瓜谷良平編『商業スペイン語小辞典』昭和三十三年。瓜谷は昭和十六年九月東京外国語学校卒業。

永田寛定監修・渡辺通訓編『小西和辞典』昭和三十五年四月発行。渡辺は昭和十三年東京外国語学校卒業。

田井佳太郎編『和西小辞典』昭和三十七年

永田寛定監修・田井佳太郎編『和西大辞典』昭和三十九年十月発行。田井は明治四十二年東京外国語学校中退で、編者はこの労作の完成を待たずして昭和三十七年三月に亡くなった。

田井佳太郎編『和西中辞典』昭和四十三年

瓜谷良平監修・柳沢豊共著『絵入スペイン語辞典』昭和四十四年十月発行

瓜谷良平編『カナ発音西和小辞典』昭和五十三年
瓜谷良平監修・宮本博司編『現代和西辞典』昭和五十四年
白水社
高橋正武編『西和辞典』昭和三十三年四月発行。増訂版昭和五十四年。高橋は昭和六年東京外国語学校卒業。
大阪商工会議所編『和西商品名辞典』昭和三十六年。本書は、中南米との貿易を鑑みて当時の大阪外国語大学教員数名により執筆されたものである。
高橋正武他編『スペイン基本語五〇〇〇辞典』昭和四十七年
浦和幹男編『経済スペイン語辞典』昭和五十一年
高橋正武編『西和小辞典』昭和三十六年、二訂版昭和五十六年
宮城昇・コントレラス他編『和西辞典』昭和五十四年、改訂版平成十二年
エンデルレ書店
ゴンザレス、ビセンテ・一色忠良共編『西和辞典』昭和六十一年、再版平成六年

五　平成

大学書林

山崎信三・カルバホ共著『スペイン語ことわざ用法辞典』平成二年

三好準之助編『簡約スペイン語辞典』平成十二年

白水社

山田善郎・宮城昇監修『現代スペイン語辞典』平成二年、改訂版平成十一年

宮本博司・宮城昇・インザ共編『スペイン語ミニ辞典』平成四年、改訂版平成十五年

宮本博司編『パスポート初級スペイン語辞典』平成九年

山田善郎他監修『スペイン語大辞典』平成二十七年

小学館

桑名一博他編『西和中辞典』平成二年、第二版改訂版高垣敏博他編平成十九年

鼓直他編『プログレッシブスペイン語辞典』平成六年、第二版平成十二年

高垣敏博他編『ポケットプログレッシブ西和・和西辞典』平成十五年

小池和良他編『和西辞典』平成二十六年

研究社
上田博人・ルビオ、カルロス共編『新スペイン語辞典』平成四年
上田博人・ルビオ、カルロス共編『プエルタ新スペイン語辞典』平成十八年
三省堂
ルビオ、カルロス・上田博人他編『クラウン和西辞典』平成十六年
原誠・コントレラス他編『クラウン西和辞典』平成十七年
寺崎英樹編『デイリーコンサイス西和・和西辞典』平成二十二年
三修社
原誠・江藤一郎共訳『スペイン語会話表現事典』平成十年
日東書院
欧米アジア語学センター『現代スペイン語会話辞典』平成十六年
南雲堂フェニックス
円正光著『スペイン語常用会話辞典』ラテン・アメリカ中南米、増補版平成八年
榎本和以智『スペインひとくち語辞典』平成四年
柏書房
パトリモニオグループ編『スペイン語実用会話辞典』平成六年
エレーロ著『ローマ字和西辞典』平成七年

金芳堂（京都）
サンチェス・ファアレス『スペイン語・英語・日本語医学用語辞典』平成六年
同学社
澤村勝・ルビオ、フェリサ共編『現代スペイン語慣用句小辞典』平成十八年
坂東省次・堀田英夫編著『スペイン語学小辞典』平成十九年

第二部　出会いから江戸末期まで

第一章　日本に渡来した最初のスペイン人・ディエス

この章は、ザビエル以前に九州に来航した最初のスペイン人ペロ・ディエスの日本情報から十六世紀の日本を垣間見るものである。

一九九九年は、スペイン人宣教師フランシスコ・ザビエル（シャビエルに同じ）渡来四五〇年にあたり、鹿児島をはじめ各地でさまざまな催しが開かれた。

わが国で最初のザビエルの伝記は、吉田小五郎著『聖フランシスコ・シャキエル小傳』（昭和七年六月大岡山書店・渡来四百年記念の昭和二十四年に泉文堂から復刻された）である。渡来四百年の折には、羽田書店発行の雑誌『塔』はザビエル特集をくみ、またキリシタン文化研究会は聖ザビエル来朝四百年記念のためにキリシタン歌曲集『踏絵』（昭和二十四年六月白鯨社）を発行している。柴田南雄作曲『安土幻想』『伴天連歌』がある。

まず『日本史年表』（山川出版社）を開いてみると、一五四三年八月鉄砲伝来（ポルトガル船種子島に漂着）、そして、翌年十一月ポルトガル船薩摩に来たり、貿易求む、とある。最初に種子島に漂着したポルトガル人についてはフェルナン・メンデス・ピント著『ペレグリナサァン（巡礼記）』（リジュボア一六一四）が、アジア放浪の伝奇物語として知られている。一方、茂野幽考著『薩藩切支丹史料集成』（昭和四十一年南日本出版文化協会発行）には、一五四四年に九州に渡航した人物はペロ・ディエスと記されている。この人物がスペインのガリシア地方のモンテレイ出身と分かると、私はこのペロ・ディエスについてとくに興味を覚えた。それというのも、私はガリシア語に関心をいだき毎年サンティアーゴ・デ・コンポステーラ大学ガリシア語研究所に調査研究に出かけているからである。

一　ペロ・ディエスの名前と出身地

ガリシア語研究所のシュリオ・ソウサ氏がモンテレイの近くの出身なので、彼に尋ねると名前からしてペロは古い人名だということだ。フェルナンデス・デル・リエゴ編『ガリシア語作家の人名辞典』（一九九〇）を調べると十名ほどペロの名前があり、何れも中世期に活躍したトラバドール（吟遊詩人）たちである。もう一冊のフェロ・ルイバル編『ガリシア人名辞典』（一九九二）を見ると、「ペロ・ディエス、十六世紀の航海者」と彼の名前は載っているが、たった一行だけである。ただし、Diez ディエスの i にアクセント記号がついていて、ディーエスと読める。ガリシア語では Dez であるが、ここでは一般的なディエスとしたい。これでは何の解明にもならず、そこで何かの手掛かりを求めてモンテレイに出かけることにした。ペロ・

ディエスが日本に来てから四五〇年後（筆者は一九九四年に訪問）に、今度は日本から彼の生誕地を訪ねることになると感慨無量になる。

サンティアーゴから特急タルゴに乗り一時間あまりでオウレンセに着き、駅から歩いて十五分ほどのバスターミナルに行き、一日に数本しか運行されないベリン行きのバスに乗り込んだ。ベリンまで山岳道路七〇キロメートル約一時間半の行程である。さらにベリンからモンテレイまでの四キロメートルは交通手段がないのでタクシーを利用した。

モンテレイは一一五〇年にアルフォンソ八世により築かれた。砦は十七世紀のポルトガル戦争の跡をよく残している。この地の名門レモス一家はフランシスコ会とドミニコ会の修道院をつくり、またガリシアで最初の印刷所をも作った。現在、モンテレイ城に近接するところにパラドール（国営ホテル）がある。パラドールはかつてイエズス会の学校であり閉校するまで千二百人の神学生が巣立った。ペロ・ディエスがこの神学校で学んだ形跡はない。航海士だからポルトガル国境まで十五キロをタメガ川に沿って下り、さらにミーニョ川を下りオ・ポルト、そしてリジュボアに入りポルトガル商人たちと一緒に航海に出たのであろう。

この地方もかつて多くの移民を南米に送ったところで、八月八日は移民祭が催される。山頂に至る畑には一面ブドウが栽培されている。この地方で生産される白ワイン「リベイロ」は夙に名高い。山頂にあるモンテレイ城からはベリンの町が一望でき、城は、現在、博物館になっていて午前と午後の二時間だけ開館されている。

二　ペロ・ディエスの航海

ペロ・ディエスの日本渡航については、オランダの学者ティーレが一八八〇年に発表した研究論文「マライ諸島におけるヨーロッパ人について」のなかでは、ディエスの来日を認めているが、『十六世紀日欧交通史の研究』（昭和十一年弘文荘）を著した岡本良知氏や、名著の誉が高い『日欧通交史』（昭和十七年岩波書店）の著者幸田成友博士はディエスの来日に否定的な態度である。その後、G．シュールハンマー「一五四三年のポルトガル人による日本発見」（リジュボア一九四六）、およびフランシスコ・モウラ「ガリシア人ペロ・ディエス、日本を発見した最初のヨーロッパ人」（『グリアル』ビーゴ・一九七一）の研究論考が発表され、ディエスの来日を肯定的に考えるようになってきた。

最近では、岸野久「ヨーロッパ人の琉球・日本来島に関する一資料」（『日本歴史』一九八四年十一月号）がある。岸野氏はかつて岡本良知氏の説に従っていたが、その後諸資料を検討した結果、ディエスの来日を肯定的に考えるようになった、と述べている。私も、先にあげた茂野氏およびフランシスコ・モウラ氏の研究からディエスの日本渡航を信用すべきだと考える。

ガリシア人ペロ・ディエスは、ポルトガル人たちのルートをとり日本と最初に接触したヨーロッパ人であった。日本は、一五四三年にすでにポルトガル人によって発見されていた。ディ

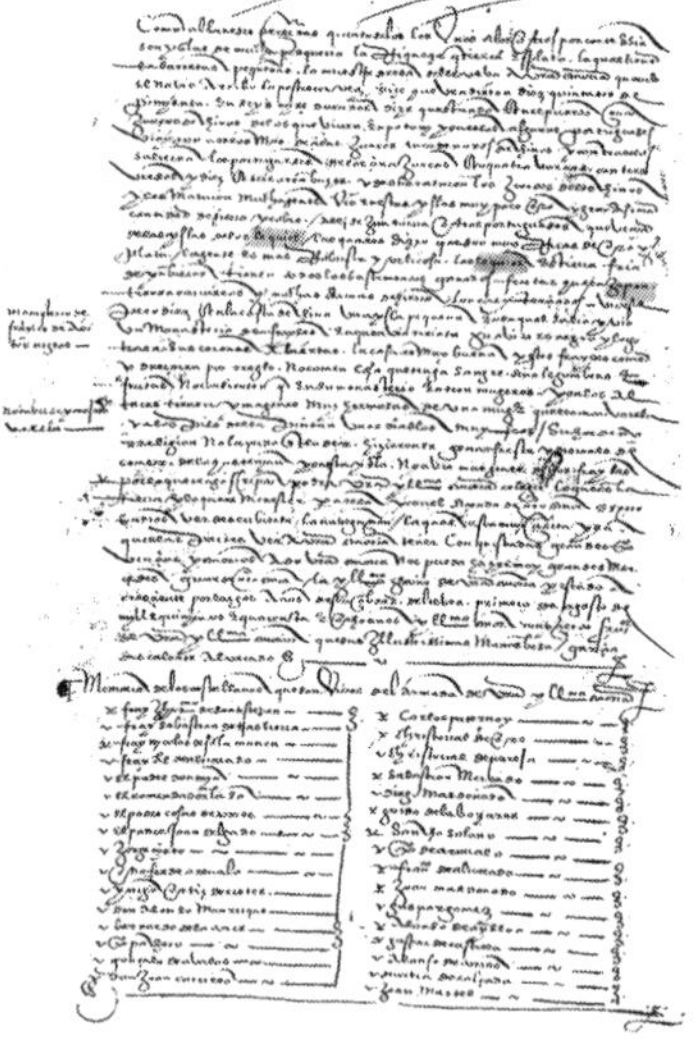

エスは一五四四年五月マラッカ半島のパタニを出帆しチンチェウ、リャンポーからナンキンを経て九州に八月頃到着した。翌年（一五四五年一月初め）、日本から戻り、モルッカ諸島のテルナテでスペイン人ルイ・ロペス・ビリャロボス司令官の使者からディエスが日本で見聞したことについて情報を求められた。そこで、ディエスは、ディドレ島に停泊していたビリャロボス艦隊に書簡を送り（一五四五年十一月頃）、早速、単身でティドレ島に向かい、この艦隊の主計係ガルシア・デ・エスカランテ・アルバラドに会見し、見聞してきたばかりの日本の島々について情報を提供した。ビリャロボス艦隊はメキシコ副王アントニオ・デ・メンドーサにより南洋航路開拓のために派遣され、探検と発見を続けたのちモルッカ群島に到達したが、すでにポルトガルの管理下にあった。ビリャロボス艦隊の航海は失敗に帰し、乗組員たちはテルナテのポルトガル人に引き渡され、後にリジュボア（リスボン）に送還された。

リジュボアでエスカランテ・アラバルドはビリャロボス艦隊の遠征報告書をまとめメキシコ副王アントニオ・デ・メンドーサに送った。この報告書にガリシア人ペロ・ディエスからの日本情報が記されている。一五四八年八月一日付である。

この報告書は、『アメリカとオセアニアにおける旧スペインの属領の発見、征服と組織に関する未公刊書類叢書』（マドリード一八六六）として刊行された。

文中に、日本を示すZapanが見えるが、Iapanと読むのであろうか。

三　ペロ・ディエスの日本情報と疑問点

ここに、ペロ・ディエスの日本情報を上記の刊行史料から翻訳し紹介したい。
小見出しと（　）注は訳者がつけたものである。また〔　〕はフラスシスコ・モウラ氏の注である。参考にした文献は次のとおりである。
ルイス・フロイス『ヨーロッパ文化と日本文化』岡田章雄訳注　岩波文庫一九九一
ジョアン・ロドリーゲス『日本教会史』池上岑夫他訳　上下　岩波書店一九六七・一九七〇
アルーペ神父、井上郁二訳『聖フランシスコ・デ・サビエル書翰抄』岩波文庫一九七七　第三版

日本　一五四四年

①日本の地理的位置と気候について

「ナンキン（南京）からジャンクで日本の島へ向かった。この島は、三十二度にありリャンポー（寧波）から百五十五レグア（約八百五十キロメートル）のところにあり、ほぼ東西に横たわっている。大変寒い土地である。」

日本を大変寒い国と言っていることについて、ディエスが滞在していたパタニ、チナ、チンチェウ、リャンポー、ナンキンを経て春から夏のモンスーンに乗って来たと考えるより、秋から冬にかけて渡航したとする方がよい。熱帯の気候に比べれば、滞在した八月中旬から翌年の一月初めは、日本の鹿児島のほうが寒く感じられたのであろう。

②領主・王について

「そして、海岸に沿って見えた村落は小さかった。さらに、各島には領主が一人いる。でも、皆の王が住んでいる土地を彼（ディエス）は述べることはしなかった。」

〔住民たちは来航したばかりの彼ら（ディエス）に知らせる情報がなかった。〕

③日本人の特質について

「これらの島の住民たちは風采がよく、色が白く、髭をはやし、頭を剃っている。彼らは礼儀正しい。」

④日本人の武器と戦闘について

「彼らの武器は弓と矢である。矢にはフィリッピン諸島のように植物性の毒をつけない。先端に尖った釘をつけた棒を持って戦い、刀や槍を持っていない。」

このなかで「植物性の毒」は、疑問点である。岡本良知氏は、「フィリッピンの如く草を生ぜず」と解釈されている。この点について岸野氏は「矢にはフィリッピン諸島のように毒をつけない」と解釈するほうが、文意から判断して適切であると述べている。原文はyerbaとあり、小学館『西和中辞典』をみると「1草、雑草。2薬草」で、hierbaの項目の4に「主に複数形で（草から作った）毒。」の意味が上げられている。

さらに、武器についての記述は、当時の日本人を好戦的性格と表した他の記録と矛盾している。〔J. アルバレシュ「日本の諸情報」には更に詳しく示されている。「皆一般に大小の剣（刀と脇差し）を持ち、八歳の年齢になると剣を持つ習わしがある。彼らは槍（薙刀）や矛槍やそれらに代わる武器を持っている。イギリス人のように大きな弓で皆一般に矢を射るのが上手である。」〕

⑤日本人の書法について

「日本の人々は中国人のように読んだり書いたりするが、話すときはドイツのことばに似ている。」

話しことばについては、日本のことば、特に鹿児島のことばがドイツ語に似ていると記している。このことは音声的に感じられたのであろうが、どのような事実か判断できない。興味があることを記している。

⑥馬に関すること

「乗馬用の馬がたくさんいる。鞍には後部の鞍骨がなく、鐙は銅製である。」

〔ルイス・フロイスは木製と記している。〕

⑦男性の衣服について

「農民はサージのような羊毛の布をつけており、それはフランシスコ・バスケス・デ・コロナドが遠征した土地〔一五四〇―一五四二アリゾナとヌエバ・メヒコ〕で見たもののようである。有力者たちは絹、段子、需子、タフタン織（絹などの光沢のある平織り・薄琥珀織り）の衣服を着ている。」

⑧女性の衣服に関して

「女性はとても色白で、美しくスペインのカスティーリャ地方の女性のように毛または絹の衣服をそれぞれの階級に応じて着ている。」

⑨住居について

「家々は石と漆喰壁で出来て、内部は白く塗られていて、屋根瓦は我々のものと同じであり、数階建てで窓や廊下がある。」

住居についてディエスの情報は誤報がある。住居については他の記録には全て一様に日本の家は木で出来ている、とある。ポルトガル人宣教師ロドリーゲス通詞は十七世紀、日本の家はみんな木で出来ていて、石や煉瓦や漆喰壁で出来ている家はない、と説明している。アルバレシュも、日本のこの土地の家は風を防ぐために低くつくられ、さらに良く出来ていて、全て板張りである。

⑩食料について

「日本の島では彼らは大陸のようにあらゆる種類の糧食、家畜、果物をもっている。砂糖が豊富にある。彼らは狩猟用の鷲や鷹を飼っている。しかし彼らは牛の肉を食べない。果物とくに瓜（メロンとあるが、このばあい白瓜のことであろう）が豊富な土地である。牛と鋤を使って土地を耕す。」

⑪履物とかぶりものについて
「革でてきた履物をはいて、頭にはアルバニア人のようにカペレテ〔アルバニアの軍隊の一部が使っていた剛毛でできた山高帽子の一種〕を被っていた。彼らは礼儀として互いにこれをとる。

（革製の履物は間違いか。ふつう藁であんだ草履、または革製の足袋か。フロイスにも日本人は貴賤を問わず、稲の藁で作ったサンダルを用いる、とある。）

⑫漁業のことについて
「魚がたくさん捕れる島々である。」

⑬富について
「彼らの富は銀で、小さな塊にしている。銀の見本は最近入港した船で、閣下のもとへ運

ばれた。」

⑭貿易について

「彼（ディエス）は十キンタルの胡椒が六千ドゥカードで売れた、と述べている。」

一キンタルは四十六キログラムに相当し、ドゥカードは十六世紀スペインの金貨。

⑮日本市場をめぐるポルトガル人とチナ（中国）人との争い

「彼はまた次のように述べている。パタニに住むチナ人の所有する五隻のジャンクが日本の港にいた時、そのジャンクには何人かのポルトガル人がいて、そこへ百隻以上のチナ人のジャンクが互いに繋ぎあって襲ってきた。これに対して五隻のジャンクにいたポルトガル人が四艘の小舟に三門の大砲と十六丁の火縄銃で応戦し、チナ人のジャンクを壊滅して多くの人が殺された。」

⑯金と鉄について

「彼はこの島で非常に僅かな金しか見なかったが、莫大な量の鉄や銅を見た。そこへレキオ（琉球）諸島から別のポルトガル人たちが集まってきた。」

⑰琉球について

「彼らによれば、それらの島々には金や銀が豊富にあり、人々はたくましく、好戦的であるということである。」

ディエスの日本情報にはアルバレシュ、フロイス、ロドリーゲスなどの情報と所々異なるところがある。彼の情報が誤報なのか、それとも鹿児島の一地域に限定したものなのか判別しがたい点もある。

地理的位置については、リャンポーから日本まで一五五レグア、約八五〇キロメートルはかなり正確であり、北緯三十二度と述べている点など航海者として正鵠をついている。また、一五四四年における日本市場をめぐるチナ人とポルトガル人の争いなど経験を通して具現されていると考えられる。

ディエスの日本情報はヨーロッパ人の最初のものとして、僅か三十四行にすぎないが日本関係の史料として興味あるものである。またディエスは一五四六年八月から九月テルナテ島に滞在中、フランシスコ・ザビエルと会っていると思われるが、『聖フランシスコ・デ・サビエル書翰抄』には記されていない。ただ、一五四七年十二月七日マラッカ丘の聖母教会でポルトガル商人アルバレシュと日本人アンジロウ（一五一二年頃鹿児島の士族の家に誕生）と会い、発見されたばかりの日本の島については記されている。ザビエルはアンジロウとの出会いにより、日本への渡航を考え始めるようになった。

ガリシア人ペロ・ディエスの日本とくに鹿児島付近の見聞記は、エスカランテにより執筆された日本に関する最初の報告書で一五四八年八月一日にポルトガルのリジュボアで認められたものである。ザビエル渡来以前に、九州に来航したガリシア人の日本情報は注目すべきものである。

第二章　亜墨利加でイスパニヤ語を学んだ日本人・初太郎

江戸時代の鎖国期、漂流民として見知らぬ国にたどり着いた日本人は、異国の言葉をどのように、またどの程度、自分のものにしたのだろうか。この章は、永住丸の岡廻り〈事務方の仕事〉としてメキシコに漂流した初太郎の漂流記事『亜墨新話』から、日本人のスペイン語学習について考えてみたい。

一　漂流から『亜墨新話』成立について

天保十二年〈一八四一〉秋八月、阿波国無養岡崎村〈現在の徳島県鳴門市無養町岡崎〉の百姓市太郎二男、初太郎〈文政六年〈一八二三〉―明治三十二年〈一八九九〉一月十一日〉は、摂津国兵庫西宮の中村屋伊兵衛持船永住丸〈千二百石積・二十八端帆〉に塩、砂糖、線香、小豆の類、粮米十五俵積み入れ、十三名とともに乗り組み、天保十二年十月十二日下総国犬吠埼沖にさしかかったところ激しい西北の風に煽られて、船は翻弄し百二十日余り太平洋を漂流した。

幸いにも、マニラからアカプルコに向かうスペイン船エンサヨー号に十三人の全乗組員が救助され、六十日後にメキシコのサン・ルーカス岬付近に上陸させられた。その後、初太郎はサン・ホセのミゲール・チョウサの家に引き取られて二〇〇日余りメキシコに滞留した。そして、望郷の念が叶って清国経由で天保十四年冬無事長崎に帰還し、天保十五年秋阿波に帰着した。

時の太公、蜂須賀斉昌は阿波に戻った初太郎を八月二十二日城庭に召して、直接その漂流談を聞き、家臣に記録させた。儒学者那波希顔、斉藤寛作、前川文蔵、酒井順蔵、挿絵守住定輝によって初太郎の漂流談は、天保十五年十月（一八四四年）に地理・言語・風俗などを説明して『亜墨新話』全四巻としてまとめられた。亜墨はアメリカと読みたいところであるが、挿絵を描いた守住定輝の識語に「あぼく」と振り仮名をつけているところから「あぼくしんわ」である。亜墨利加を略して亜墨と記すように、アメリカを亜墨と書くことが当時慣行されていたのであろう。

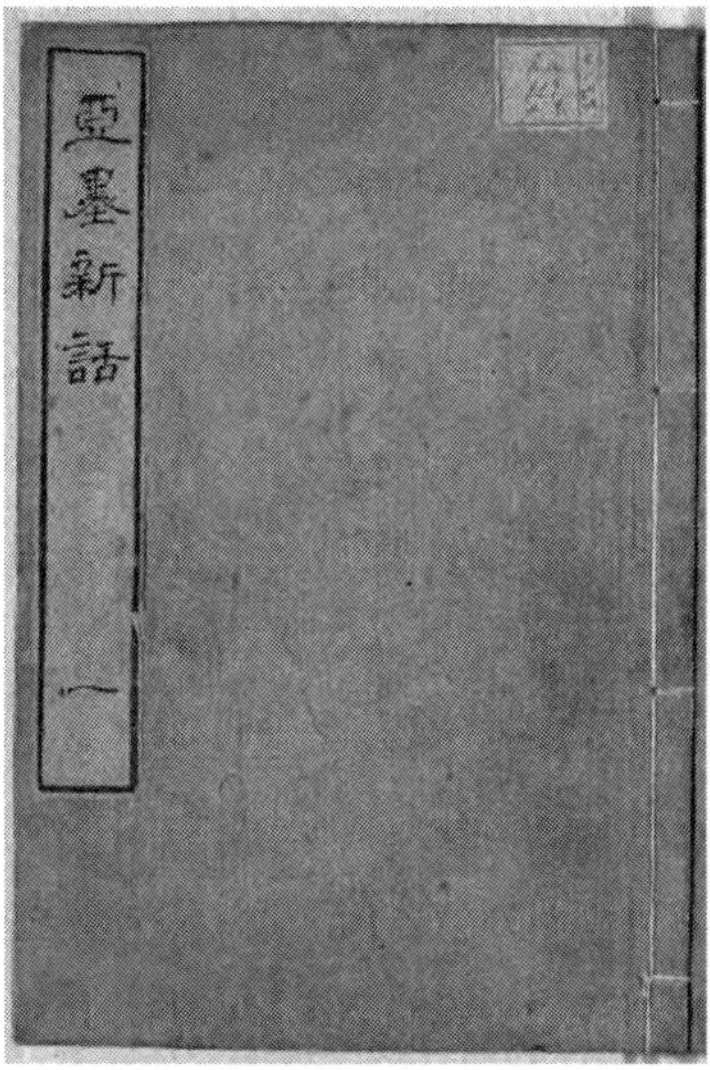

秋田県立図書館蔵

江戸時代の漂流記の大部分は、国防に関わる資料であり一般に公開されることもなく、当時の徳川幕府の方針に従って出版されることもなかった。写本は種々伝えられているようだが完全なものはないようだ。筆者はかつて二度ほど『亜墨新話』の写本をみたことがあるが、完全なものではなかった。そのため、河野太郎氏が阿波国文庫の印のある原本から複写したものを利用して著した『初太郎漂流記』(一九七〇)、および増田渉文庫の和本『非常奇事聞説一』(これには『亜墨竹枝』と『漂民初太郎事状』の二篇が収められており来園主人霞石の写しで弘化三年七月の日付がある)を参考にした。

『亜墨新話』全四巻の内容は次のとおりである。

亜墨新話　元・序文那波希顔識、初漂流せしより亜墨利加に至りサンホセに留りし迄の話
亜墨新話　享・亜墨利加より便船を得て唐土広東へ渡りし迄の話
　　　　　　広東より乍浦に護送せられ日本に帰りし話
亜墨新話　利・地形、気候、人物、言語、天文、時令、地理、人倫、身体、動作、
　　　　　言辞、飲食、衣服、器財、舟船、動物、植物、数量、飲食、居室
亜墨新話　貞・服飾、風俗、遊戯、貨財、舟船、草木、禽獣

二　初太郎の覚えたスペイン語について

初太郎は、漂流したとき十九歳で岡廻り、即ち事務長と会計を兼ねた役であった。彼を助け受け入れたミゲール・チョウサの家族は妻と二男三女の経済的に比較的恵まれた家庭であり、

徳島の佐光昭二氏から頂いた資料の「初太郎成立書」ではメヒコの出張役人とあり、『東航紀聞』では村甲（庄屋のこと）とある。『亜墨新話』元には、「家主二日目二日目に衣服を着替れば初太郎にも同じく着せかへ　食事なども家主にかはることなく我行く所へ必伴ひゆく　かくあいすることは其志　己が女子をもって初太郎に妻あはせんと思へるよしなり　ある時娘と初太郎を一所によせて　婚姻の式はかやうかやうと教われしこともありしなり」とあるように、厚遇されたことが窺われる。

さらに、サン・ホセ滞留時にスペイン語を学ぶ経緯については次のように見える。

「ミゲリチョウサはおもふよしあるにや　しきりに初太郎にアメリカの語を教へんといひけれども　外国の辞を覚えへて何にかせんとて一応はいなみしが言語を覚へたらば早く本国へ送り帰すべしとのことゆえ　せん方なく少しづつ習ひ覚へけり　文字は二十八字横文字にてくさり様（綴り）さまざま六かしき故書覚ゆること能はず　只初太郎という名の文字を書覚へけり」

このように、初太郎の言葉を学ぶ意図を知ることもできる。初太郎を語学修得に駆り立てた動機は、生きていくのに不可欠という切羽詰まった事情はもちろんのこと、やはり日本人として生まれ故郷に帰りたいという強い望郷の念があったからであろう。

関西大学図書館
増田渉文庫蔵

ここに、第三巻利から言語の部を採録してみよう。

「亜墨利加の言語六種あり　墨是可に用ゆるを墨是可語といひ孛露に用ゆるを孛露語といひ　伯刺西児に用ゆるを打弼預些語とし　加刺苛印に用ゆる所を加児奇些語とす　以上の四種は其土に古へより伝へたる語なり　外に羅甸語　都逸語の二種あり　是は欧羅巴より伝ふる所也とぞ　初太郎が珊忽刷の土人より習ひ来れるは欧羅巴語の稍訛転せるものなるべし　土人の初太郎に教へて謂るには撒私得墨利加と亜細亜の馬泥爾刺と欧羅巴の伊西把迩亜　波尔社厄私此四所言語相通ずといへりとぞ　果して然りや否や知らず　今大略を左に挙げて後来の考据に備ふ」

この文は酒井順蔵が起稿し、前川文蔵が潤色したものであるが、序文に「但し他書の載る所も採録して」とあるように、『亜墨竹枝』で井上黙が「猪股氏訳書新宇小識を以て参考とす」

と言うことから、テラコウイクスの原著『世界誌』のなかからアメリカの部を抄訳したもの『新宇小識』(文化十四年江上源序、永井士訓校閲)を参考にしたものと思われる。筆者が参考にした『非常奇事聞説一』には、来園主人霞石が「右初太郎北亜墨利加漂流記聞従江上氏借覧写終時　天保三年丙午是四月念一日也」とあるのは江上源所蔵の写本のことであろうか。(天保三年とあるが、弘化三年丙午の誤りか)。鎖国時代の日本人の国際知識は限られていたものであった。

言語について、十四項目に分類して漢語―カタカナ表記でスペイン語を記述しているので、それらを列挙して、さらに検討してみたい。

一　天文(一三語)
日　ソヲル、月　ルヲナ、星　イシテレイヤ、雲　ヌベ、雨　ヨベル、
雨降　アゴアヨベル、雪　ネーベヱ、風　ベントー、烟　ウモ、寒　フリュウ、
熱　カロル、天気　テンポ、晴雨何如　テンポボイノマロウ

二　時令(二四語)
正月　イネロ、二月　ベブレロ、三月　マルソ、四月　マルラス、五月　マアヨ、
六月　フウニウ、七月　フゥリウ、八月　アゴスト、九月　セイテンブレ、

十月　ヲトヲブレ、十一月　ノビェンブレ、十二月　リシェンブレ、歳　アンヨ、
幾年　クワントアンヨ、幾日　クワントジイヤス、今日　ヲーラ、今夜　ノチ、
明日　マンヤアナ、明後日　バサドマンヤアナ、昨夜　アノチ、前夜　アンテノチ、
昨日　アヱル、前日　アンテアヱル

考察・マルラスはアブリルとすべきであろうが、マルサル（三月の）ということなのか。マルテスならば火曜日である。

ベブレロ↓フェブレロであろうが、fを有声音と捉え日本語バ行音の両唇破裂音に聞こえたのであろう。リシェンブレ↓ディシエンブレである。有声破裂音dディをリとする特徴が初太郎の聞いたスペイン語のところどころに見受けられる。レイテン↓ディエンテスもディをラ行のレを使っている。さらにアリヨス↓アディオス、リツセイシ↓ディエスセイスが見られる。ヲーラ↓オイであろう。

三　地理（一四語）

地　テラ、山　モンテ、川　ロウヨ、浜　プラヤ、島　イジラ、澳　ポヱビロ（原註　国と云事にも用ゆ）、街衢　カイエ、石　ベーテラ、畠　グヲリタ、潮　マル、

火　ルンベリ、水　アゴワ、山中　ランチュ、塵埃　ポルボ

考察・ロウヨ↓リオ。イジラ↓イスラであろうがsがl（エレ）の有声音の前にあるとsが

有声化してz音になる特徴をよくとらえている。ポヱビロ→プエルトの誤りで、ポヱビロなら「村・国民」の意もある。カイヱは現代スペイン語文法の教科書などをみると、カリェまたはカジェとカタカナ表記されている。LL（エリェ）の音をスペインではリャ行音で発音するのに対して中南米諸国では主にヤ行音をだす傾向があるように、ヨベル、カメイヨ、カワヨ、ガヨ、カベイヨのようにヤ行を用いて記されている。ベーテラ→ピエドラでありpは有声音bになり、dは無声音tになるなどの混同がある。レコメンタル→レコメンダルも同様。イシベラ→エスペラ、バンタロン→パンタロンの例はpがb音化している。グヲルタ、ゴエボのように語頭のウエという綴りは、しばしばこの音はグエのように変化する例を示している。ランチュはメキシコ・スペイン語である。さらにベナカン、バノチャ〔パノチャ〕、サラッペイ、メカテ、ワホロテなどもメキシコ・スペイン語である。

四　人倫（四五語）
国王　プレシデンテエ、父　パパ、母　ママ、兄姉　アントヲニ、兄弟　ヱリマノシ、
相公　セニョール、夫人　セニョーラ、少婦　セニヨリタ、男　ヲンボレ、
女　モヘリ、児童　ムチャチョ、我児　イホ、婢　コシネル、官吏　カンピンラ、
人　ヘンテー、宰官　コロネル、銃卒　ソルダド、工匠　カリピンテヱロ、
船頭　カンピンタン、副船頭　ピロト、舵公　コントラマイエ、水手　マリネル、

炊者　コシネル、老人　ビヱホ、美人　ボニモソ、小生　ミイ　ミイヨー、
足下　ウステン、汝　ゴヲ、病人　インフェリマ、頽儂人　フロホ、爛酔人　ボラチョ
貧人　ポブレ、破落戸　シンボルベイサン、長大人　アルト、肥大人　ゴルド、
痩人　フラコ、癡人　トント、聡明　カベサボイノ、義兄弟　アミイゴ、
朋友　コンパンヱロ、聾者　ソルド、盗賊　ラダロン　ラレロン　ピラッタ、
姦夫　アカゴヱテ
考察・アントヲニは、チョウサ家の長女の名がアントニアであったのを誤解したものである。ボニモソはボニト+モソなのか。ゴヲ→トゥであるべきなのに有声化している。アミイゴは「友達、仲間」の意味であるが義兄弟とはおもしろい。確かにそうかもしれない。アカゴヱテは、アドゥルテロなのか間男アマンテに相当するのか。

五　身体（二八語）
頭　カベサ、髪　カベイヨ、眉　スヱハシ、目　ヲヲホシ、鼻　ナレイシ、口　ボカ
舌　レングワ、歯　レイテン、耳　ヲレハシ、顔　カラ、髭　パルパ、
剃髭　パルパコルタル、手背　マアノ、指　デドシ、肘　コド、足　ビヱ、
膝　コスティリヤ、腹　ペチウ　シトマゴ、尻　ナルガシ、腫物　ガラノ、
血　サンギレ、頭垢　カスカラ、心病　ペチウドレル、乳　チチ、

男陰　パロマス　チン、女陰　チガル、小便　ミヤド、大便　カガタ

考察・パルパ↓バルバ、ビヱ↓ピエのようにb音がp音化したり、p音がb音化したり混同している。チチ↓ペチョであろうが、日本語と同じく思ったのかチチとある。会話のなかで一番早く覚える言葉である隠語と俗語がよく現れている。すなわち、パロマス、チン、チガル、ミヤド、チンガ、チガルン、ペシデホ、カラホなどである。

六　動作（四五語）

歩行　パシャル、走　コネル、徐々　ポコポコ、往　バモス、返　ボリベル、
沈思　ベンサンド、呼喚　ヤマル、疲倦　カンサド、囈言　ソンニャル、
喜往　コンテント、疼痛　ドイレ、掣　アマラ　ボリタ、頑要　フヲガル、
好愛　ケレル、好性情　コラソンボイノ、食　コメル、飲　トマル　ベベル、
空腹　アンブレ、戯舞　ハイラル、裁断　コルタル、棄擲　テラル、
寐　ドロミル、眠　ミヤド、起　ネバンタ　ネバンタロウ、敲　ペガル、
観　ベル、聴　ヲイル、動作　タバラハル、収拾　ワリダル、交易　カンビヤ、
売　ベンデル、買　コンプラル、怒　ノバト、泣　ヨラル、歌　カンタル、
裁縫　コセル、婚　カサル、相親　ノビヤス、習学　プレンデル、写字　イシキリベル
釣魚　ペシカドル、踞坐　センタ　センタル、死　ムリヤウ、洗　ナバル、

交媾　チンガ　チガルン

考察・この項目は動詞であるが、不定詞をあげたり現在分詞や過去分詞や命令形さらには過去形まで含んでいる。ベンサンド→ペンサンド。ハイラル→バイラル。眠のミヤドは小便と同じであるが、ドルミイドという過去分詞のドルが省略されたものなのか。ワリダル→グウアルダルなのか、ノバト→エンファドであろうが推定できかねる。アマラは「係留する」の意味であるが、ボリタは「投げ縄を回す」の意味がある。「もつ」という意味に繋がる。プレンデルは接頭辞のaが落ちた形態であり、アプレンデールである。このような語形はときどき会話表現でもみられる。ペシカドルは「漁夫」の意味である。

七　言辞（七三文）

見人叙寒宣語　自朝至午日ホイノジイヤス　猶日好日子
　　　　　　　自午至晩日ボイノイタールラ　猶日好晩景
　　　　　　　夜則日ボイノノチ　猶日好夜色

問起居語　コモレバステン、甚敬則更加一語　ハラセビラステン、

好来　パレステン、請進来　パシュステン、請坐　センタル、多謝　ガラシャシ、

多謝歓待　ボンプラベイチョウ、不好意思　ボルベインサ、請恕　コンスベリミサ

請恕罪　ウステンシベンセエ、大家　トヲド、多々致意　ムチウサルウアス、

拝懇　レコメンタル、告別辞　アリヨス、請慢　イシベラ、当重来　アスタロヱゴ、
少時来　ロヱコヘニイル、那里去　ヲンデバモス、今将往　イヤボヲイ、
請借火　プレシテルンベリ、不要　ノキヱリ、乞物辞　ダメ、与物辞　トマ、
呼辞　ベナカン、応辞　マニステン、知否　サベ、不知　ノサベン、虚語　メンティラ
勿語　カヱタボカ、罵辞　ペシデホ、甚罵辞　カラホ、尊称　ドン、始　プリメル
速　テンプラノ、近　セリカ、遠　レホシ、強　フヲリテ、美　フデシヨ、
好　ボイノ、悪　マーロウ、妍　ボニト、醜　フェヨ、多　ムチウ、少　シウシュ、
大　ガランデ、小　ボキト、細小　チキト、有　セアイ、無　ノアイ、
高貨　ヱシテボイノ、低貨　ヱシテマーロウ、高価　カロ、賤価　バラト、
幾何　クワントヲ、有幾　クワントセアイ、可憂　テレエシテ、可愛　ボニト、
可憫　ボブレシイト、用心　クイダル、破壊　ロンピヨ、毀壊　ケビロン、
焼毀了　ルンベリケビロン、熱的　カリヱントヲラ、同的　ロミジモ、
失了　スツペルテヨ、細軟　ヒノ、言語　アブラル、
足下幾歳　ウステンクワントアンヨス、名做什麼　ノンボレコモセヤマ、
幾日開船　クワントシイヤスセバン
考察・フデシヨ→ベーリヨなのか。シウシュ→エスカソ、テレエシテ→トゥリステと推定できる。ボキト→ポキートである。ヒノ→フィノのように、f音は聞き取れないのであろうか日

本語のハ行音にしている。

八　飲食（二四語）
蒸餅　パン、酒　ビノ、焼酎　ワガラレイテン、米　アロス（原註　又飯をも云）、
茶　テヱ、水　アゴワ、熱湯　カリヱンテ、玉黎薄餅　トルテヤ、醋　ビナギレ、
脂　マンテカ、羊酪　マンテキイ、酥　ケソ、油　アゼイヱ、煙草　タバコ、
吃煙　タバコチュパル、紙捲煙　シガル、捲煙　プロ、塩　サル、肉脯　カルネ、
黒糖　バノチャ、白糖　ショカラ、氷糖　ベヱテラショタラ、香気　ボイノウヲイル、
臭気　マロウヲイル
考察・ショカラ→アスカルであるが、ショカラまたはショタラと聞こえたのであろう。
ベヱテラショタラのベヱテラは何に相当するのか。

九　衣帛（二四語）
衣服　ロッパ、帯　フロハ、襦　カミシャ、背心　チャレコ、表衣　チャケタ、
額簾帽　カチチャ、周簾帽　ショコブレロ、襯褌　カリソンセエヤ、
褲　バンタロン、履　サパト、鈕鉤　ボトン、手巾　パンヨ、褥　コチョン、
毛布単被　アブレサダ　又　サラッペイ、絨褐　ラナ、絹　セダ、麻布　リノ、

木綿布　アルコドデイロ、裁縫　コセル、赤色　コロラド、黒色　アマリイヨ
考察・バンタロン→パンタロン。カチチャはプチャ、ショコブレロはソンブレロであろう。アマリイヨは「黄色」の意味であるので、これも勘違いと思われる。

十　器財（四二語）

剣　サビレ、銃　イシコペタ、大礟　カニヨン、斧　アチヨ、鋸　サロチヨ、
行李　カルガ、書籍　リブロ、箒　コバ　イシコバ、楽器　ムシカ、四弦楽器　ビタラ
剃刀　ナバハア、包丁　コテリョウ、針　アグハア、筐　カホン、卓子　メサ、
睡牀　カマ、榻　セイヤア、枕　アルマタ、麻索　メカテ、石鹼　ハボン、
板　タブラ、薪　レンニヤ、煙管　ピイパア、鎖　ガンタ、鑰匙　ヤミ、
剪刀　テヘラ、櫛　ペイネ、紙　パペリ、角牌　バラハ、囊　ボリサ、
熨斗　ピランチャル、壜　ボテイヤ、小刀　コリタクルマ、
小把（原註　飲食の具）テネドル、匙　コチャラ　水碗　バソ、沙鉢　タサ、
蠟燭（原註　以蜜蠟牛油鯨油製）ベラ、燭台　カンデネロ、金　ヲロ、
大銀銭　ペセタ、小銀銭　メリウ
考察・ヤミ→ヤベ（鍵のことであろう）。ビタラ→ギタラ。コリタクルマ→コルタプルマ。テネドルは「小さな熊手」という日本語の意味でフォークのことである。メリウはメディオ

であろう。
十一　船舶（一六語）
三檣大船　フラガタ、双檣船舶　ベリガンテ、双檣小船舶　ベリガンテゴレタ、
単檣小船　バランダ、舟　バリコ　ブケ、大艇　ランチャ、脚艇　ボテ、舵　リモン
錨　アンカラ、抛錨　アンカラヲントヲ、帆　ベラ、帆檣　パロ、舟旗　バンデヱラ、
飯鐘（原註　挂在船尾）カンパン、乗船　アホルト、開帆　セバン
考察・バランダは「手すり」のことであるが、バランドラならば「一本マストの船舶」の意味がある。リモン→ティモン。風俗の項目で、レモンは「すだち」〔阿波名産〕の説明がある。
アホルト→アボルド。

十二　動物（三二語）
馬　カワヨ、長耳馬　マチウ、驢　ボラ、駱駝　カメイヨ、牛　バカ、豕　コチ、
綿羊　ボレゴ、粗毛綿羊　カブロン、羊　チボ、鹿　ベナド、猫　ガト、
山猫　モンテガト、虎鼠（原註　小獣似虎）アリディヤ、四足　クアトロパタ、
獣乳　レチ、雄鶏　ガヨ、雌鶏　ガイナ、吐綬鶏　ワホロテ、鵞　パト、鴿　パロマ、
魚　ペシカウ、蝦　カマロン、海鰌　バキナ、蛇　クレビラ、蜥蜴　カメヨロン、
蚊　サンクウトウ、蜂　ヒタチ、蟻　ヲリミイガシ、虱　ピヨホヲ、蛆　グサノ、

卵　ゴエボ

考察・マチウは「雄馬」のことであろう。ボレゴはアメリカ南西部の英語で使われる雄羊の意味がある。チボは子羊であろう。サンクウトウ↓サンクドはラテンアメリカで使われる「蚊」の意味の語である。ヒタチ↓アベハ、アビスパであろう。

十三　植物（一六語）

玉黍　マイス、葡萄　ウバ、甘蔗　カンヤ、蕃薯　カモテ、南瓜　カラバサ、

西瓜　サンデヤ、甜瓜　メロン、萩芦竹　カリソ、蘇木　プラシイル、

小果似鬼燈大　トマテ、同小微小　キドマ、小果似小茄大味酣味　イゴ、

小果似枇杷而長味甘　シリボイラ、小果似烏柏実　ワモチ、菓樹似覇王樹　ビタヤ、

芭蕉実　ピラタノ

考察・カリソ↓カニャなのかカリサヤなのか。プラシイルは「ブラジル蘇芳」である。またキドマはトマトより小さなものであるが、プチトマトのことなのか。シリボイラは金柑に似たもので、ワモチは榎のようなもので、ビタヤは「サボテン」のことらしい。

十四　数量（五八語）

一　ヲウノ、二　ドウシ、三　テレイシ、四　クワトロ、五　シンコ、六　セイシ、

七　セイテ、八　ヲウチョウ、九　ノヱベ、十　ゲイシ、十一　ヲンセイ、
十二　ドウセイ、十三　テレイセ、十四　クワトルセ、十五　キンセー、
十六　リツセイシ、十七　リツセイテ、十八　リシヲウチョウ、十九　リシノエベ、
二十　ベンテン、二十一　ベンテンヲウノ、三十　テレンタン、四十　クワレンタン、
五十　シコインタン、六十　セセンタン、七十　セテンタン、八十　ヲチェンタン、
九十　ノベンタン、百　セントウ、二百　ドセントス、三百　テレイスセントス、
四百　クワトロセントス、五百　キネントス、六百　セイシセントス、
七百　セイテセントス、八百　ヲウチョウセントス、九百　ノエベセントス、
千　ミリ、千一百　ミリセントス、千二百　ミリドセントス、
千三百　ミリテレイスセントス、千四百　ミリクワトロセントス、
千五百　ミリキネントス、千六百　ミリセイシセントス、千七百　ミリセイテセントス
千八百　ミリヲウチョウセントス、千九百　ミリノエベセントス、二千　ドウシミリ、
一万　ゲイシミリ、二万　ベンテンミリ、
一尺　ヲウノバラシヤ（原註　当日本曲尺二尺五寸）
一里　ヲウノレングワ（原註　以六千四百尺為一里）
小銀銭一枚　メリウ、同上三枚　ウンリヤアリ、同上四枚　ドヲリヤアリス、
同上六枚　テレイシリヤアリス、同上八枚　クワトロリヤアリス、大銀銭一枚　ペセタ

考察・ヲウノバラシ→ウナ・バラ（八十三・五九cm）。複数の意味を表す「ス」も示されている。

最後に、文法の説明は興味を引くものがある。

「亜墨利加の語、何に寄らず多く発語にアの字を加ふ　たとえば川はロウヨといふに雨ふりて潦水流れて川のごとくなるをアロウヨといひ　夜をノチといふに　昨夜の　ことをアノチといふがごとし　多く過去に属することにアの字を加ふるにや」

とあるように、少し変わった文法的な説明が付け加えられている。

十五　亜墨利加の俚歌について

初太郎がメキシコ滞留中に覚えた俚歌が『亜墨竹枝』跋と『漂民初太郎事状』に記されているので、ここに挙げてみたい。

『亜墨竹枝』には漢文で

「禿麻托葛納托刺列嗑遏列抜撒牽天達刷」のように記されている。

これをカタカナに直すと、

「トマタカナストラレカアラバサンケンテンタセ」となる。

『漂民初太郎事状』では、

「トマト。カナスト。ラレ。カーラバサ。ケンテンダセ。ブーブーブー」とあり、さらに『漂流人善助聞書』には善助が覚えてきたメキシコの流行り歌として次のように載っている。

「トマトカナシチイタデカアラハサケンテンマンダセブウロテポロケナバラサ、
トマトカナシチイタデバラメソンケンテンマンダセブロデタノオレホン」

のように、一番と二番の歌詞ある。

この歌を解釈することは困難であるが、トマト「南瓜」、カナス「いかけ（鋳掛）」、カーラバサ「瓜（カボチャ）」の単語から、井上默は鋳掛の類を使って南瓜や瓜を挟みとる意味の歌ではないかと、記している。すると、野菜の収穫の際に歌う仕事歌の類なのであろうか。

かつて、この歌を近松洋男氏と考証したことがあったが、私には元歌は復元できなかった。近松氏は、「トマトカナストラレ……」の戯れ歌を次のように再構したので記しておく。

「馬鹿女の　乳房を　かく摑んだり　触ってみろや。釣り合いが　取れぬからとて　汝が許に　誰そ驢馬男を送りこむ。ぞうり虫女の乳母をば　かく捕り触れ。誰がそちの許にこういう　大耳の　驢馬男をば　送りこむ。」

詳しくは「スペイン語事始め」―メキシコ歌謡解註―『南欧文化』十三号・一九八八、一二五～一三五頁にゆずりたい。

初太郎は、スペイン船の中で六〇日ほど、そしてメキシコで九ケ月ほど滞留して、四五〇語（スペイン語の表現七三を含む）を習得した。短期間であったが『亜墨新話』に記載されているスペイン語はかなり正確なものである。そのなかには俗語も含まれているが初太郎が理解しようと努めた日常的なスペイン語の表現は充分に記録されている。

外国語の発音と文法について基礎知識を全く持ち合わせていなかった十九歳の青年は、恐らく反復的な聞き取りという学習方法によりスペイン語を理解して、日常生活に必要と言われる六〇〇語にほぼ到達する単語と会話表現を記憶することができた。耳から聞いて学んだために、聞き間違いというより初太郎には『亜墨新話』のなかでカタカナ表記されているように聞こえたわけである。これらの聞き違いは調音点が近いことにより生ずるものなのか問題が残る。カタカナ表記により原語を推察するのが難しい語や覚え違い、誤解も少なくないようだが、現代の私たちから比べると彼の記憶力は遙に優れていたということができる。

ひとくちにことばを学ぶといっても、学習の中身はひとつひとつの単語を学ぶことであり、単語を材料にして要望や感情をそとに示す表現をまなぶことになる。単語はことばの習得のうえでもっとも基本的な要素である。語学学習の具体的な現れが単語集であるといえる。初太郎の記憶から、この時、天保十五年に初めてスペイン語単語集が作成されたと言っても過言ではないだろう。

〈附記〉

初太郎のメキシコ漂流について、昭和五十年代後半に筆者に教えてくださった堀正人先生は、『亜墨竹枝』を著した春洋漁人井上黙の孫に当たる方であった。さらに『亜墨竹枝』の文学的研究をされた神田孝夫先生からも恩恵に与った。今や鬼籍に入られたお二人の先生に感謝の意を表したい。

『亜墨新話』の写本をこれまで二度ほど古書店で見たことがある。あまりにも高い値段（数十万円であったか）のため購入するのを躊躇った。その後、いまだかってお目にかからない。このような資料は即買うに限る。漁書の遊《すさ》びと後悔である。

第三部　明治期

第一章　外務省第一回スペイン留学生・三浦荒次郎

明治二十三年四月外務省第一回スペイン留学生の三浦荒次郎《みうらあらじろう》については、著された書物もなくその人となりを知るのは困難であった。しかし、本年（二〇一四）入手した資料をもとに三浦について新たに記してみた。

一　三浦荒次郎仏印に留学

三浦は、文久元年（一八六一）八月二十五日、南部藩の士族として岩手郡仁王村に生まれた。現在の岩手県盛岡市である。なんと、「我、太平洋の架け橋とならん」と語った新渡戸稲造（一八六二―一九三三）の従兄弟であった。盛岡には、パリ外国宣教教会の神父たちが明治七年頃、岩手に布教したカトリック四ツ家教会がある。三浦の家庭はこのカトリック教会の信者であり、荒次郎は十歳の時に仏印（フランス領インドシナ）、現在のベトナムのハノイに留学して宗教教育をうけた。というより、家族の命でカトリックの職につくように勧められたようだ。

しかし、荒次郎は十年ほど仏印に滞在した後、教会から離れ帰国した。当時、仏印に出かけた人物の関係者が、筆者の意外と近くにいたことが分かった。明治二十年頃、パリ外国宣教会員北緯聖会初代司教オズーフ（一八二六—一九〇六）がペトロ・レイ神父と共に東京の小石川関口町に赴いた。神父は教会経営のためにパン製造を考え、長《なが》尾《お》鉀《こう》二《じ》を選んで仏印のパン工房へ修行に送りだし本格的なパンの製法を勉強させた。

そして、長尾は明治二十一年に帰国して、四月に小石川関口教会附属聖母仏語学校製パン部として創業した。長尾はフランスパン製造の工場長となり活躍した。明治の元老西園寺公望は、若かりし日にソルボンヌ大学に留学したことから関口のフランスパンを贔屓にしていたという。この流れを汲む「関口フランスパン」は昭和四年に設立して現在に至っている。私の親族のマリア美代子村井の葬儀に立ち会ってくださった関口教会の神父さんにうかがったところ、このフランスパンはバゲットのような長細いものではなく、俗に「拳骨パン」と呼ばれ握りこぶしを二つ合わせた形のパンで硬いものであったが、味は格別のものがあったと回想されている。

さて、東京に戻った三浦は、ハノイ滞在中にフランス語を修めたことにより明治二十年頃、仏学塾でフランス語の教師を務めることになった。三浦が仏学塾でフランス語を教授したのは、盛岡出身で後に総理大臣となり「平民宰相」の名を謳われた原敬（一八五六—一九二一）が外務省通商局長時代に肩入れをした私立のフランス語学校のようだ。原は、明治五年盛岡でカトリック神学校に入学している。その後、東京に出て明治九年頃中江兆民が主宰する仏学塾（麴町区五番町で明治七年十一月仏蘭西学舎として開塾）で学んだ。後、明治十八年には外務書記官に任ぜられて、パリに三年半駐在し公使館勤務にあったことから、フランス語に関心をよせていたことが窺われる。

二　スペインへ留学

三浦は明治十九年（一八八六）二月、農商務省七等属となり、国有林実況視察のため静岡、長野、岐阜、高知、和歌山、宮崎、鹿児島の諸県を廻った。

明治二十年六月、外務属に任じられ、その後明治二十三年四月スペインに留学を命じられるとともに本官を免じられた。当時の外務省は外国語と外国の社会事情に熟達した外交官を養成することを急務としていたことから欧米諸国へ留学生を送っていた。三浦は、すでにフランス語に長けていたから当然留学先はフランスだと思っていたところ、スペインに遣られたわけである。日本の公使館もまだ設置されていなかった時代にスペインに単身乗り込むわけであるから、なみなみならぬ勇気がいるに違いなかった。そのころのスペインはワシントン・アービングに著される『アルハンブラ物語』（一八三二）に描かれた国としか思われていなかった。

三浦は、スペインでただ一人の日本人として、どこでどのような勉強をしたのであろうか。もともとフランス語は得意で私立塾でフランス語の講師を勤めたくらいだから、スペイン語の学力も上達したと想像できる。帰国に際してはPerito Mercantil（商学士に近い学位）のタイトルを取得している。三年半のマドリード留学を終えて明治二十六年十一月帰朝。再び外務属となり、通商局一課に勤務。明治二十七年翻訳官補、明治二十八年十一月通商局第一課長に任じられた。

三浦が帰国するより少し前の二月に、東京で原敬、曲木如長《まがりきじょちょう》、荒川重秀ほか十数名の発起人により蜂須賀公が名誉総裁となり「西班牙学協会」が創立された。これに先立つ明治二十五年四月六日、曲木は日本国法務大臣秘書官としてスペインを訪問し、スペイン国法務大臣を表敬訪問している。その目的は、フイリッピンと中南米諸国との商業関係の発展のため、日本においてスペイン語を普及することを決めた日本政府の意思を伝達して、東京に西班牙語学協会を設立する旨を話したようである（Planas 資料による）。当然のことながら、スペインに留学していた三浦はマドリードで曲木と会っているわけであり、三浦は帰国後、曲木が設立する協会に参加したのは訳もないことである。

同会の目的はスペイン語を日本に広め、日西文翻訳の依頼に応じる組織で、講師に高等商業学校お雇い教師エミリオ・ビンダを招いた。同じ年に榎本武揚を会長とする「殖民協会」も設立された。『殖民協会報告』第十八号（明治二十七年十月）に、「西班牙学協会学事の状況」の記事がある。メキシコ移住に注目していた榎本が「西班牙学協会」に関係していたのも必然のことであろう。その記事の中に「西班牙国に留学せられたる同国商業学士三浦荒次郎氏が同会の為めに深切に教授を担当せらる」とある。三浦はスペインに留学を終え、十月は帰国の途にあり、十一月に日本に戻り「西班牙語協会」でスペイン語の講師を務める予定になっていたのであろう。帰国後、外務省と兼任しながら日本人最初のスペイン語教師となったことは言うまでもない。高等商業学校附属外国語学校が明治三十年四月に設立される以前のことである。三浦がどのようにスペイン語を教えたかは不明であるが、スペイン留学中に学んだ知識を披露したことは間違いないであろう。日本が中南米諸国との貿易を狙っていたので、もしかすると商学士の肩書を取得した三浦は商業スペイン語を教授したのかもしれない。

第二回外務省スペイン留学生は甘利造次で、明治二十七年である。甘利は高等商業学校卒業で、スペインから帰国後、明治三十三年東京外国語学校の講師を兼務している。

三　再度の海外勤務

明治二十九年九月にマニラ、三十二年四月にメキシコ、三十三年十月にスペインに勤務となり明治三十四年九月在スペイン日本国公使館一等通訳官になった。恐らく、三浦はスペインでの留学生時代からこの勤務の頃、さまざまな条約締結調印のために下準備をしたと考えられる。明治三十年（一八九七）日西修好交通条約調印。明治三十三年に日西特別通商条約調印され、この年、マドリードに在スペイン日本公使館が独立して開設。明治四十四年（一九一一）

日西修好通商条約が調印（条約改正）された。

明治三十八年八月一日付けでブラジル公使館勤務となった三浦は、今度はポルトガルを習得して日本人移民に関してブラジル当局と折衝に当たった。その詳細をサンパウロ人文科学研究所のコラム二〇一一年六月八日から引いてみる。

明治三十九年四月十五日、三浦は南米移民を企画していた水野龍とともにペトロポリスを出発し十六日サンパウロに着。移民植民会社のベント・ブエノ氏を訪問。ブエノ氏は前サンパウロ州内務長官で、州の有力者であった。三浦は水野の介添役となり、ブエノ氏との折衝に当たった。ポルトガル語にも堪能な三浦はうまく折衝をまとめ、水野もサンパウロにおける新殖民法の設定を待つことになった。しかし、五月十九日杉村公使が急性脳溢血で不帰の客となってしまった。日本から後任の内田公使が着任する明治四十年三月まで、三浦は臨時代理公使を務めた。

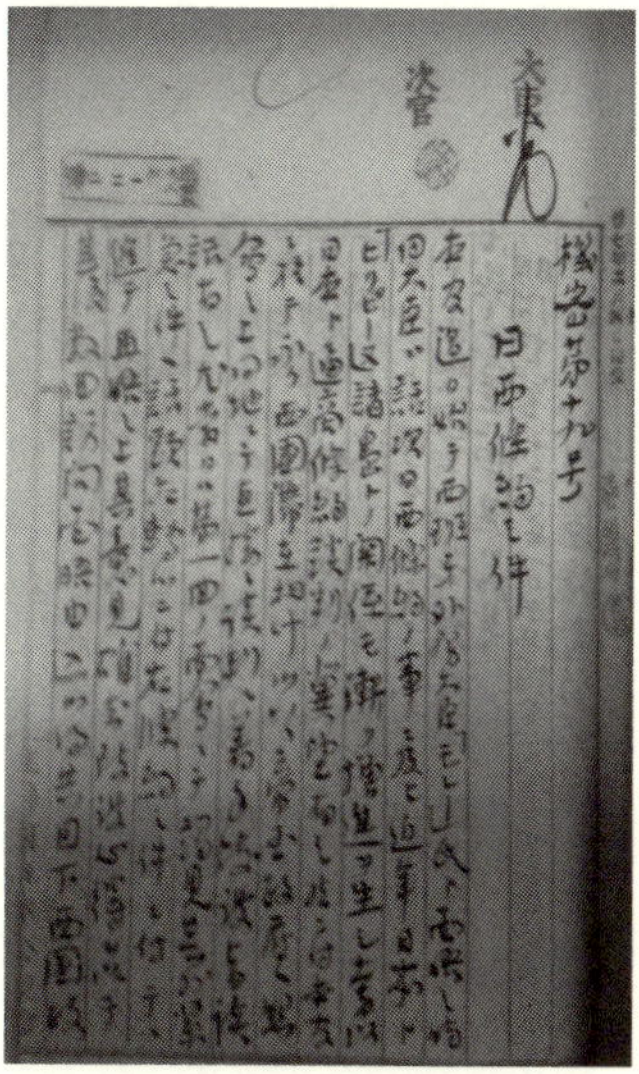
機密第十九号
日西條約之件

「日西条約之件」
明治二十七年二月・外交史料館蔵

水野が皇国植民会社を明治四十一年に創設して、笠戸丸での第一回ブラジル移民は七三三名であった。この他に笠戸丸には、前東京外国語学校教授金沢一郎も東洋汽船の社員として乗船していた。金沢は、ブラジル移民のために『ほるとがる（ぶらじる）語会話』と、ペルー移民のためには『日西会話』を明治四十一年大日本図書から発行している。

ここに上げた写真はブラジル公使館勤務時代のものである。サンパウロ人文科学研究所蔵

三浦は明治三十九年七月六日、移民宿泊所を出る最後の移民たちと共にサンパウロ市を出発して、上塚周平および州の農事監督官一名を伴い、関係耕地六ヶ所を視察した。ヅモント耕地では配耕早々から移民側に不満があるのが認められた。移民の宿泊所に与えられた宿舎は、長屋で土間に枯れ草を薄く敷いてあるだけであったので、移民たちは「俺達は馬ではない、馬並の扱いはひどい」と言って不正タラタラであった。翌朝、加藤順之助通訳が耕地監督同伴で、仕事の協議にコロニア（契約者住宅）を巡った時、熊本県人の青年の一人が、その枯れ草の上に這ってヒヒーンと嘶き跳ね回って馬の真似をしたので、皆ドッと笑った、という挿話があるくらいであった。この耕地の移民たちは、六月二十九日に入耕して七月五日まで家屋の振り分けや寝台造りを終え、六日から愈々コヒーの実の採集を始めた。一日かかって一家族三人で、四キロから五キロ程度しか取れなかった。五十キロが一俵で、一俵採取して賃金は五十レイス、一人で一日四、五表は採集出来る勘定だったのに、それが二人がかかりで一俵にもたりないようでは全くお話にならない。当時のヅモント耕地の物価は、白

米一俵一九ミルレイス、麦粉が一俵一三ミル九百レイス、豆が一俵一六ミルレイスに比較するとき、到底生活不可能という結論になるわけであった。

七月八日夕方、三浦と上塚代理人は、加藤通訳の案内でコヒー園に顔をだしたところ、移民たちの不満はたちまち三人に向かって爆発した。よって三浦は耕地主側に斡旋につとめ、翌日は今までよりやや結実の多い畑にまわしてくれたが、それでも一家三人で一俵半くらいの収穫にすぎなかった。三浦と上塚は移民をマアマアとなだめて、サン・マルチーニョ耕地に向かった。三浦、上塚両氏が同耕地を見て歩いたところ、移民の不満はどこも同様、みじめなものであった。

ヅモント耕地の不満は、その後激しくなるばかりで、八月一日耕地側の通知で、上塚が再び同耕地に赴き七日間にわたって慰撫につとめたが、効果なく上塚は悲痛な面持ちでサンパウロに帰った。

八月二十三日、同耕地から移民が騒いでおさまらないとの急報がついた。一旦、公使館に帰っていた三浦はペトロポリスからまたまたサンパウロに駈けつけ、水野、上塚、宮崎信造の三氏を同道して現場に急行した。しかし、現地の事情は最早入耕移民全部を引き揚げさせる以外は方法がないほど切迫していた。移民たちは、いくら働いても生活費すら稼ぐことができなかった。彼らは移民会社とその一統を恨んでおり、水野、上塚等が着いてみると、彼らは竹槍、鍬、鎌などをもってこれを迎えた。これに対する上塚周平の説得は実に悲愴を極めたと言われている。かくて一行は州政府当局と協議の結果、移民の全部二一〇人をサンパウロの移民宿泊所まで引き揚げさせた。ところが、一難去ってまた一難で、九月四日に至って州の農務長官からの電報で、サン・マルチーニョ耕地にストライキが勃発し、形勢不穏だから警察隊を派遣することになるかもわからぬと言ってきた。三浦は、またまた水野等と現場に急行し、耕主の要求で首謀者および不穏強硬移民二十余名を退耕して事を収めた、と言う。

以上のように、各地に勃発した移民の不平は、次のような原因から生じたものである。

一　コヒーの結実が少なかった。採取労働は不慣れで、収入高が予想の四分の一にも達しない。生活の不安、一日一日と負債がかさむ不安、このままでは渡航支度金の高利の払いもできる見込みがないこと。

二　労働の過重と料理方法の無知から栄養の欠調、ひいては病人の続出となったこと（朝と昼は伯国米と日本式に炊いて干塩魚一片を焼いて湯漬ですませ、夕飯は麦粉団子の塩汁に豚油を一匙溶かした副産物、蔬菜類の不足に加えて、炎天下で汗みどろになるので、体が衰弱するばかりであった。家族中がいらいらして神経衰弱になってしまう）。

三　生活環境の変化、言語の不通、通訳自身の伯語すら怪しいもので、意思の疎通が十分でなかったこと。

夕ざれや　樹かげに泣いて　珈琲もぎ　　瓢骨

上塚が詠んだ当時の移民の実相であった。

日本移民は楽隊で迎えられ、嘲笑裡にサンパウロ市に引き揚げると、上塚は何度か水野社長へ「其責に堪え申さず」と辞職の手紙を出した。そんな場合、三浦は上塚に「君、移民がガアガア騒ぐ、気がくしゃくしゃする、そんな時は、二、三日雲隠れしなさい。大波のよけ方をしらなくちゃ、世の中をうまく泳ぎ通せませんヨ」と話していたそうである。

『日本・ブラジル交流人名事典』には、三浦の著書に『サンパウロ出張復命書』と記載されているが、これは「杉村公使復命書」明治三八年十一月に外務省通商局の海外通商情報誌『通商彙纂』に掲載され、十二月十九日から三十日に『大阪朝日新聞』掲載されたものである。その内容は、「伯国移民状況・サンパウロ州に於ける移民状況」とする連載記事で、三浦がサンパウロの移民を視察して認めたものを、杉村の名前で公刊した文書である。総説、第一章サンパウロ州の地理的風土、第二章サンパウロ州に於ける移民の必要、第三章サンパウロ州に於ける移民取扱局、第四章移民の種類並に其の労働及び賃金、第五章珈琲、耕地及移民生活の状況、第六章新たに来るべき移民に関する注意事項、結論からなる。このなかで、言語について、伯国の通語は葡（ポ）語なるが故に羅甸系に属する伊、西、葡等の移民に比すれば我が移民の為にも稍不便なるべきも、我が移民にして北米豪州及び南洋諸島に行く者に比すれば何等の便否の差異あることなし、という文言が目にとまる。

以上記したように、初期移民を迎えての三浦通訳官の奔走は大変なもので、然も当時は、サンパウロ市にまだ総領事館もなく、ことある毎にペトロポリスの公使館から駈けつけねばならなかったから、万事につけ負担が大きかった。

ここに登場した加藤順之助と宮崎信造は、明治四十年東京外国語学校専修科卒業である。加藤は後に「十年一昔」という回想で、三浦のことを「当時公使館通訳官三浦荒次郎さんといふ腹の大きな気質の至極面白い人と共にサンパウロの各耕地を右か左へと巡視して」と見える。

なおブラジルには、三浦の後、大武和三郎、野田良治というブラジルを愛した人物が続いた。二人は独力で辞典編纂した。大武は『葡和辞典』（一九一八）、『和葡辞典』（一九二五）、『葡和新辞典』（一九三七）を刊行したが、一九四四年二月二三日トーマス和三郎は逝去した。『葡和新辞典』の再刊は、息子の信一により成し遂げられ戦後の一九五三年十月、財団法人日伯協会から発行されている。一方、野田は『日葡辞典』（一九六三・一九六六）の二巻本を有斐閣から刊行している。野田は、大正元年『世界之大宝庫南米』を博文館から上梓し、昭和初期まで多くのブラジル関係の書籍を著している。

四　再度マドリード駐在

三浦は、明治四十一年九月十五日賜暇帰朝の許可を得て、十二月ブラジルを出発して帰国の途についた。一旦、本省に戻るや明治四十二年七月再びスペイン在勤を命じられた。スペインのマドリードに着任して数年が経過した大正八年十一月二十六日に特命全権大使坂田重次郎が任所にて死去のため、公使館一等書記官の三浦が臨時代理公使に就いた。外交官としてながい経歴をもつ三浦がまだ一等書記官であったのには、不運があったようだ。それは次のような理由がある。

明治二十九年、外務省は世界に散らばっていた外務省留学生に帰朝命令を出して、その年の暮れから翌明治三十年初頭にかけて留学生をすべて日本に呼び戻した。当時、スペインにいた三浦はたちの悪い目の病気でスペインから離れることが出来なかったようだ。さらに追い打ちをかけるように、明治三十年には日本で文官任用令が公布され、すでに帰国していた留学生は外交官補に任ぜられた。このなかには後に全権公使や大使にも昇進した留学生もいた。不運は三浦に付きまとった。正規のキャリーアー外交官としての道を外れてしまったわけである。

大正九年秋、留学のため東京外国語学校教授永田寛定（明治四十二年東京外国語学校西班牙語科卒業）がマドリードに到着すると、同窓の井沢実（大正七年東京外国語学校英語科中退）が外務省の留学生としていてすでにスペインに駐在していたので、永田の世話をした。しかし、永田は三浦とは面会してないようである。そのころの日本国公使館はアルカラ通り一〇三番地のトレーラグナ侯爵の宮殿の一階にあり、大正二年九月には堀口九萬一が一等書記官として赴任、大正七年九月には坂田大使が着任している。三浦はすでに赴任していたが、坂田大使の突然の死により、大正八年十一月臨時代理公使となった。大正十一年四月特命全権公使広沢金次郎が赴任するまで代理公使を務めた。

大正十年三月三十日付で高等官第二等総領事に任じられ、再度ブラジルのサンパウロ在勤を命じられたが、翌日の三十一日付で願により本官を免じられ、三十七年ほど勤務した外務省を去った。同年の十月、スペイン皇室より「コマンドール・シャルル・トロア勲章」を賜った。

三浦は在外勤務が長く、日本の公使館が設置される際は、現地官憲との交渉に一人で当たったし、若い職員を厳しく教育した。とくに外交界の儀礼的な書簡方式に通暁していたから、スペイン語の文例を集めて広範な事典を編纂した。それが本省の費用で印刷されると、スペインはもとより中南米諸国の日本大使館や領事館に常備される規範的な文書として重宝がられたと言う。筆者は、昭和五十三年、外務省にスペイン語タスクフォースとして勤務していた頃、「日西儀礼模範辞典」の存在を聞いたことがあるが未見である。神田の古書街に、中南米諸国の法律書が廃棄本として転がっていたのは記憶している。たしか、そのなかにスペインの文明批評家マダリアーガ（一八八六―一九七八）の本があり買った覚えがある。タイトルは『スペイン・現代の歴史』の英語版（一九四六・ロンドン）であった。彼は、一九二一年国際連盟事務局に移り、軍縮委員会の議長を務めている。日本が国際連盟から離脱したのは彼の力が働いたとされている。また新渡戸稲造は一九二〇年国際連盟事務次長の要職に就いている。

後年、永田は日本におけるスペイン語の先駆者を『月刊スペイン語』（大学書林）に書くにあたって井沢に「三浦さんの最後の風貌はどんなでしたか。神経質らしい痩せ形でしたか」と尋ねたところ、井沢は「いや、お相撲さんのように、でっぷりと肥えていました」と答えている。写真に見るように恰幅の良い人であった。

永田は、三浦をひとにまさる実力を持ちながら、全く不運で出世ができない、人生のそんな重みにたえるのは、神経質な人間にはできることではなかろう、と結んでいる。このことは、まさにブラジルで日本移民と官憲との折衝に当たった時のことが思い浮かぶ。

三浦はスペイン語の入門書など書かなかった。しかし、日本人の誰よりも先にスペイン語をものにし、後進を指導した。そして晩年は「日西友好協会」会長を務めた。三浦の後、友好協会会長職は大正十年四月特命全権公使としてスペインに着任した広沢金次郎が昭和四年まで務め、後任は男爵大倉喜七郎が会長を務めた。

三浦の人となりは、ブラジル側の資料から垣間見ることができたが、スペイン在勤および日本での資料はなにもなく不明のところがある。

第二章　日本におけるスペイン語教育の創始者・ビンダ

日本においてスペイン語教育が初めて本格的な出発を迎える明治三十二年（一八九九）、東京外国語学校が創設される以前の黎明期に、スペイン語を教授したお雇い外国人をめぐる最初のスペイン語講座について記してみたい。

一　明治初期の外国語学校の変遷

明治十六年（一八七三）十一月四日、文部省は初めて官立の外国語学校として東京外国語学校を置いた。設立当時の東京外国語学校教則七条に、「此学校ハ多ク英、仏、独逸、櫓、支那語ヲ置クト雖モ伊班亜、伊太利亜、蘭、其余の語等モ或ハ置クコトモアルヘシ」とあり、「伊班亜」と見えるのはイスパニアつまりスペインのことであるが、学校の教科にスペイン語が教えられた事実はない。

外国語学校の変遷を佐藤誠実著『修訂日本教育史』（昭和十八年七月、十一組出版部）から調べると次のようである。東京外国語学校は、明治二年開成学校のなかに英語、仏語の二語学科を置いたことに起源し、明治六年外務省に設けた独露漢語学所を文部省に併合したものである。明治七年、その英語を分離してさらに東京英語学校を設けた。これより先に、愛知、広島、新潟、宮城に官立外国語学校を設立し、大坂の開明学校、長崎の広運学校を外国語学校と改称したが、明治七年すべて英語学校とした。明治十年愛知、広島、長崎、新潟、宮城のそれぞれの英語学校を廃止して、東京英語学校を大学予備門と改称して帝国大学に所属させた。明治十二年大坂英語学校を大坂専門学校としたことにより、外国語学校は東京外国語学校の一校になった。

森有礼が明治八年に私設した商法講習所は、明治十七年に東京商業学校と改称されると、その翌年、明治十八年九月に東京外国語学校および同校所属高等商業学校ならびに東京商業学校を合併して新たに東京商業学校とした。余談ではあるが、商法講習所は銀座の尾張町二丁目二十三番地で仮開校し、明治九年までここに存在していた。現在、松屋銀座店の前の歩道に記念碑が建っている。

東京商業学校と東京外国語学校の合併により東京商業学校を置くことに至って、外国語学科の専門学校の資格をもつ機関は絶えた。学制改革によって、東京外国語学校は廃校となったのは当然のことである。日本の外国語教育を廃止した人物は文部大臣森有礼だったと言ってもよいのではないか。日本の外国語教育はさらに遅れることになった原因であった。

明治六年から十八年の廃校まで外国語学校はあったが、この時期の外国語教育に関するさまざまな学制改革は、日本における学問の体系化を作り上げるための措置であり、明治のその頃は英、独、仏語が学術教育のための外国語であり、露、支那、朝鮮語は実用語の地位にしかなかったと考えられる。まして、スペイン語に関しては無用であったのであろう。しかし、日清戦争後、西欧諸国との国際関係の重要性が再認識されると、明治二十九年一月十三日第九回帝国議会貴族院において第四番目の議案に「外国語学校設立ニ関スル建議案」が貴族院議長侯爵蜂須賀茂韶に出された。発議者は公爵近衛篤麿、加藤弘之、山脇玄で、賛成者は子爵長谷信篤ほか三十九名。発議者の一人加藤弘之が演壇に登り、官立の外国語学校を設立する必要性を説いた。加藤弘之は明治三十年頃、独逸学協会中学校長を努めていることから外国語に関心があったものと窺える。後に東京帝国大学総長となった。

また男爵渡辺清は「英仏独語は相応に学ぶ人もあるようでありますが、西班牙語と云ふものは極少ない。然るに、追々承る所に依れば、南米地方も条約談判するとか云ふことでありまして、彼の地方は多くは西班牙語で、然れば、是は今入用がないと云ふて置くべきものではない。将来必ず入用が多かろうと思ひます」（貴族院議事速記録第四号『大日本帝国議会誌』第三巻）のように、帝国議会でスペイン語の必要性について力説されたのは、この時が最初であった。発議者の渡辺清は、肥前大村藩の出身で明治維新の志士として活躍した人物であり、長女の筆子は明治十三年フランスに留学し、帰国後、明治十七年華族女学校でフランス語教師に就いた。同僚に英語教師の津田梅子がいて終生の友となった。筆子が英語、フランス語、オランダ語に長けていたことから父の渡辺清は外国語教育に並々ならぬ熱意があったのであろう。

こうして外国語学校設立建議書が採可決されて、翌年の明治三十年四月高等商業学校附属外国語学校が附設され、その後、明治三十二年四月に高等商業学校から独立して東京外国語学校が創立するに至った。

二　高等商業学校におけるスペイン語

東京商業学校は、明治二十年十月には高等商業学校と改称された。明治二十二年三月、本校および附属の規則を改正し、本科の終業年限を三年と定めた。明治二十三年九月の『高等商業学校一覧』によると、本科学生は、「英語ノ外、外国語ハ其一語ヲ撰修セシムルモノトス」として、「仏蘭西語、独逸語、伊太利語、支那語ノ内一語ヲ、本科第二年乃至第三年」で選択して履修することを定めている。このうちイタリア語とドイツ語を担当する「嘱託外国人エミリヲー・ビンダ」が記されている。翌明治二十四年度を対象とする『高等商業学校一覧』において、前年度にイタリア語とドイツ語を教授していた「雇外国教師エミリヲー・ビンダ」の担当科目にスペイン語が加えられている。「本課学科課程表」に「仏西独伊支那語の内一語」と記載があるように、この年の九月からスペイン語が始まったことになる。ここに初めてスペイン語が選択外国語に加えられ、明治時代の日本の高等教育機関で教授されることになった。担当教官はエミリオ・ビンダである。

さらに、明治二十五年度の『高等商業学校一覧』によれば、「学科課程ノ規則」として、「本科学科ノ内、外国語ハ英語ノ外尚ホ支那、仏郎西、日耳曼、西班牙、伊太利ノ五国語ニ就キ一語ヲ撰修セシムルモノトス」とある。ビンダ氏は、明治三十五年頃まで高等商業学校でイタリア語、ドイツ語さらにはスペイン語と一人で三つの外国語を教えていた。このエミリオ・ビンダなる人物は、明治二十六年二月二日の『東京日日新聞』で報じている西班牙学協会の創立に曲木如長、榎本武揚とともに関与していて、この協会でもスペイン語を教えている。『外国語学雑誌』第二巻第七号（明治三十一年七月号）の雑報で、文部省の雇外国教師は高等商業五人、そのうち伊国人一人とある。このイタリア人がエミリオ・ビンダである。

当時の高等商業学校における選択外国語の履修時間数は、週当たり第二学年が三時間で、第三学年が六時間である。授業要領の撰修外国語の項に、「学生ヲシテ尋常ノ該国文ヲ解釈シ又ハ其国語ヲ以テ商業日用ノ談話ヲ為シ得ルノ学力ヲ養成シ、且其作文翻訳ハ主トシテ日常商業ニ必要ノ書信、証券、計算表、報告文等ヲ学修セシム」とあることから、商業活動に必要とする語学力の修得が主なる目的であったことが窺える。明治三十年の高等商業学校附属外国語学校の語科別生徒数は、英語六九、独語六七、露語四二、韓語十、支那語二六、西語二三とある。スペイン語は三年で終了の本科と二年で終了の専修科を含めての数である。一方、高等商業学校学生にして、英語以外に外国語を随意選択して研究する学生数は、仏語二六三、支那語七九、露語四九、韓語二、西語五三、独八のように『外国語学雑誌』第二巻第一号（明治三十一年一月号）の雑報欄に編集局員石川辰之助によって報じられている。

三　スペイン語教師エミリオ・ビンダ

お雇い外国人エミリオ・ビンダについては、これまでほとんど知られていなかった。最近になって、武内博編著『来日西洋人名事典』日外アソシエーツ、一九九五年の増補改訂普及版に彼の名がはじめて載せられた。詳しく調べたのは畏友浅岡邦雄氏である。

エミリオ・ビンダは、外務省外交資料館に残されている記録によると、一八五〇年九月十日イタリア北部に生まれ、一八六七年ロンバルディアにあるロミノが経営する学校を経てロンゴニー氏の文学学校に入学。ラテン語修得の目的をもって言語学、論理学を学んだが、家庭の都合によりこり学校を中退している。二年後、スペインマドリードにおいて私立の語学学校を開き、イタリア語、フランス語、ラテン語を教授し、以来パリ、ベルリン、サンフランシスコなどの諸学校で語学教師をしていたようである。

ビンダ氏の来日は、東京都公文書館の資料などから明治二十三年二月頃のようである。高等商業学校へは、明治二十三年三月教務嘱託、同年十二月一日外国人教師月俸百円を持って雇い入れられた記録がある。明治三十一年六月に、ビンダ氏は八年間にわたる高等商業学校での語

高等商業学校教師エミリオ・ビンダ君
PROF. EMILIO BINDA, HIGHER COMMERCIAL SCHOOL.

写真は『外国語学雑誌』第一巻第三号より

学教師としての功績を認められ、勲五等旭日章の叙勲を受けた。時の文部大臣西園寺公望から外務大臣西徳二郎宛ての叙勲の申請文書には、「学生ニ対スルヤ至誠以テ之ヲ陶冶シ、日々其此ヲ見サル所ニ有之」とある。さらに明治三十五年三月には二度目の叙勲の議がおこった。高等商業学校語学教師の職にあること十二年、その成績がすこぶる顕著であることが認められてのことであるが、明治三十五年三月十二日ビンダは再度の叙勲を知ることなく、一語学教師として五十一歳の生涯を異国の地で閉じた。勲四等瑞宝章の下賜が正式にでたのは翌十三日であった。

彼は日本人女性落合チカと結婚して、娘千枝子と息子千枝雄の一男一女の二子をもうけている。平成十五年十一月に作成された「日本に眠る西洋人たち」にもエミリオ・ビンダの名前はうかがわれる。墓碑は東京都青山霊園の一般墓地一種ロ二一四号四〇側一二―一四にある。筆者は、没後九十八年目の雨上がりの春の午後青山霊園に墓参した。仏教式の墓石には「PROF. CAV. E. BINDA 高等商業学校教師伊国人　勲四等　エミリヨ・ビンダ墓」そして、台座には落合家の家紋と思われる「丸に片喰」が彫られている。裏面に、「遺族落合ちか子、便田千枝雄、明治三十六年三月十五日建立」、とある。明治三十五年春に亡くなり、墓石は翌年に妻と長男が建立したものだ。名字を便田としているのは、ビンダを日本語の漢字で表記したものだろう。青山霊園には外国人墓地が一箇所に固まってあるが、ビンダ氏の場合、一般墓地に眠っているのは彼が日本人と生活をともにしたからであろうと想像される。このように記したが、もう少し詳しく調べると明治三十五年頃になると外国人でも一般墓地に埋葬できるような規則ができたようだ。雨に濡れた落ち葉に埋まり、一本の高い木の下に忘れられた日本におけるスペイン語教育の恩人の墓は、誰も訪れることなくひっそり静まりかえっていた。

唯一彼の顔を知る写真が『外国語学雑誌』（第一巻第三号・明治三十年九月）に掲載されている。高等商業学校教師エミリオ・ビンダ君とある。卵形の顔をしていて縮れ毛で、額は広く鼻は高い。ちょぼ髭をたくわえ、短く結んだ斑点模様のネクタイをしていて、くぼんだ目からは暖かな視線を投げかけている穏やかそうな人柄である。この時四十七歳であった。

浅岡氏が落合チカの姪にあたる三橋寿美

子さんから直接に伺った話によると、結婚したのはチカが十八歳ごろのことで、二人のあいだには娘千枝子と息子千枝雄が誕生した。娘の千枝子は家ではチルデと呼ばれていたようだ。ビンダ氏は温厚な性格で、ことのほか子供を可愛がり、また絵を描くことが好きでよく油絵を描いては知人にあげていたという。妻のチカは、お嬢さん育ちのためか家事が不得手で、母のシゲが同居し彼の身の回りの世話をたすけていたといわれる。（浅岡邦雄「語学教師エミリオ・ビンダ」『ＮＨＫラジオスペイン語講座』第三十一巻一号、昭和五十九年四月、七七頁）

高等商業学校における彼の教師ぶりを知ることはほとんどできないが、後に、水野錬太郎氏が「ビンダ先生の追憶」（『日伊文化研究』第四号、昭和十七年一月）と題する小文のなかで、「ビンダ先生は親切な人で私は先生と親しくなった」と記し、ビンダ先生の家を訪ねていろいろなことを聞いたことなどを回想している。水野は明治十八年か十九年に大学予備門で学んだのち、東京帝国大学法科大学に入学し明治二十六年に卒業している。当時、随意外国語としてイタリア語があって文科および法科の学生に認められていた。その時のイタリア語の教師が「ビンダ先生という伊太利人」であった、と水野は記している。確かに明治二十四年—二十五年の『帝国大学一覧表』には、「講師エミール・ビンダー」とフランス語ふうに呼んだ名がみえる。帝国大学文科大学に在職したのは明治二十四年から三十年でイタリア語を教授した。

ビンダ氏がどのようなテキストを使い授業をおこなったかは不明であるが、明治三十年高等商業学校附属外国語学校開設にあたり、西班牙語学科の日本人で最初のスペイン語教師檜山剛三郎はコルティナ・メソッドのスペイン語教科書からとった会話テキストを筆記させ、暗唱させたとある。（寺崎英樹「スペイン語」『独立百年（建学百二十六年）記念東京外国語大学史』一九九九年、六八四頁）

檜山は高等商業学校在学中にエミリオ・ビンダ氏からスペイン語を学んだことをかわれて日本人最初のスペイン語教師となった人物である。この頃の外国語教授法について調べると、一八〇四年に設立したドイツのハイデルベルクにある出版社グロースは、ガスパー・オットー・ザウアーメソッドにより三〇の言語にもおよぶ定評のある外国語学習書を発行している。筆者が神田の古書街で入手したスペイン語学習書は一九一一年の版であることから、明治の末期に日本でもこの書を使ってスペイン語を学んだ人間がいたのではないかと思われる。

四　「西班牙学協会」の創立

明治二十六年二月六日付け日曜日の『讀賣新聞』は一面に、西班牙《いすぱにや》学協会の創立の見出しで、次のような記事を載せている。

「近来海外移民の事業大に邦人の注目を惹くに至り、先に修交通商条約を締結したる墨西哥の如きも漸く渡航志望者を増し、又豪州のマニラも定期航海開けてより渡航者日を逐って多くなり、他の南洋諸島に至るまで探検貿易を企つる者少なからざるに至りて、人の知る処なり。然るに是等の諸島は西班牙語を以て、其の国語となる南米諸国も概してこの語を用ひ、英仏語の如きは上流社会の人にあらざるよりは、之に通づるもの少なき程ゆえ、将来海外貿易もしくは移民探検に従事せんとするものは、先ず西班牙語を研修せざるべかざる次第なるに、今日まで本邦に於て西班牙語を学び得る者、極めて稀れにて書籍すら舶斎し来れるもの少なきにより、伊太利学者曲木如長氏は大いに之を遺憾として、此際西班牙語研究の会を設けんとすることを発企したるに、榎本子爵の如きも大いにその事業を賛成し、又本邦駐紮の西班牙墨西哥公使及び他の公使領事在留外国人中にも賛成せし人少なからざるを以て、今度西班牙学協会なるものを組織し、此会は西語《せいご》を本邦に弘布し之を国語となせる諸国の事情を調査することを主眼とし、只だ学者研究に止まらず彼土に航海して通商貿易を営まんとする実業家として語学に通せしめんことをこひ願ひ、何人にても望みの者は全員となり得べく、又同会にても他人の依頼に応じて諸国の状況を調査し並びに西文翻訳及び通弁の依頼にも応じ、追ては雑誌も発行する計画なる。又語学教師は既に適当なる外国人を聘し得さるを以て差急ぎ近日中に研究会場を開設する都合なりと聞く」

同じような記事が、『東京日日新聞』二月二日付三面、『朝野新聞』二月二日付三面、『時事新報』二月四日付四面、『郵便報知』二月三日付一面に見られる。とくに、『讀賣新聞』はここにあげたように一面で詳しく伝えている。これらの新聞のうち、『時事新報』だけが、教師はビンダー氏であることを報じている。

「今度法律学士曲木如長、農学士荒川重秀外十数氏の発起にて西班牙《スペーエン》学協会設立したり。同会の目的は西班牙語を本邦に弘布し並に西班牙語を以て日西文翻訳の依頼に応ずる筈なり。教師には高等商業学校雇教師ビンダー氏を聘し朝野の紳士学者同会の趣旨を賛成するものすこぶる多きよしなり」

同様に、『早稲田文学』第三十四号（明治二十六年二月二十五日発行）の「文界現象」欄にも、「西班牙語学」のことが記されている。これによると、二月四日西班牙学協会創立に賛同する者数十名が帝国ホテルに集まり、高等商業学校教師ビンダー氏も出席して創立決議した旨が掲載されている。

しかし、『改進新聞』は明治二十六年二月五日付で、西班牙学協会の創立決議に対して、辛口批評を次のように載せている。

「我が邦人の新奇を好む一時非常の熱心を以て研究せられし英独仏諸国の語も、今は漸く陳腐に属し近時の書生多くは国学に趨れるにいたれり。国学の研究善は乃ち善なりといへども、兎もすれば時勢に係る外国語の研究決して忽にすべきに非ずと其の青年師弟に西班牙語の研究を促すにあり」

さらに、『讀賣新聞』は四月二十三日付けの二面でもとり上げている。また、『東京日日新聞』は四月二十三日付けの三面で「西班牙学協会始業」の記事が次のようにある。「原敬、曲木如長両氏の創立に係る同会は生徒及び会員の入会もすこぶる多く準備全く整ひて、来る五月二日より仮事務所大手町一番地商業予備門内に於て夜学を始むるよし。尚同会授業時間は毎週火曜日午後六時よりなりと」。『讀賣新聞』も五月一日付けの二面で「西班牙学協会」の記事を掲載し、二月、四月、五月と計三回もこの協会についての記事を出しているように、関心が深かったものと思える。『郵便報知』は、四月二十三日の五面で「学生に限り会費は十銭、授業料は五十銭」というような他紙にはない情報を載せている。

このような新聞記事から、明治二十六年五月二日火曜日、午後六時から、大手町の商業予備門の教室を借りて、教師エミリオ・ビンダによる西班牙語講習会が一般に向けて始まったことがわかる。曲木は『仏伊和三国通語』(績文社、明治九年)の著書があり、イタリア語に通じていた関係からイタリア人エミリオ・ビンダと交友があったのではないかと推測される。

「西班牙」の読み方について、今日いろいろあるが当時の新聞記事から調べると、『讀賣』は二月六日に「いすぱにや」、五月一日の紙面で「すぺいん」「スペイン」と平仮名と片仮名の両方を用いている。『時事新報』だけが「スペーエン」と仮名をふっている。それ以外の新聞は仮名をふっていない。

ところで、この「西班牙学協会」の事業は、果たしていつ頃まで活動したのか問題が残る。雑誌を発行する計画があると、創立の折に述べているが発行された形跡はないように思われる。ただ、明治二十六年この協会が創立された年に、殖民協会も設立されており、榎本武揚が会長に就任している関係から、殖民協会が発行した『殖民協会報告』明治二十七年十月の第十八号に「西班牙学協会学事の状況」の記事がある。メキシコ移住に注目していた榎本が西班牙学協会に関係していたのも当然のことであろう。その記事は次のようにある。

「西班牙学協会は創立以来西班牙語の研究を勉め今は能く其順序方法整頓し、西班牙国に留学せられたる同国商業学士三浦荒次郎氏が同会の為めに深切に教授を担当せらるるより、来学者も次第に其数を加ふる由」

このなかで登場する三浦荒次郎なる人物は、明治二十六年に外務省第一回スペイン留学生としてスペインに留学し、スペイン語を習得したものと思われる。帰国して、西班牙学協会で、エミリオ・ビンダと共にスペイン語を教授した三浦は、日本人最初のスペイン語教師であった。三浦の名は殖民協会会員にも見える。後に、在スペイン日本国公使館一等書記官として赴任中、当時の公使の突然の死去にともない大正八年十一月二十六日、臨時代理公使の任に就いている。晩年は日西友好協会の会長を務めたようだ。

五　『外国語学雑誌』のスペイン語について

明治三十年七月十日発行になる『外国語学雑誌』が博文館より月刊誌として創刊された。発行の趣旨には、次のようにある。

「改正条約実施の期限今や眼前に迫り、久しく夢想した内地雑居も遠からずして行はれんとす、外国語の研究は焦眉の急務なり、(中略) 英語の普及を謀るには未だ是等現在の状態を以て満足すへきにあらず、況んや独仏語に於いてをや、然るを況んや清、韓、露、伊、西等の諸国語に於てをや、然り而して英独を始め、是等諸国語は或は実業上より、或は文学上より、或は政治商業上の関係よりして其必要益々加らんとす、固より一を挙げて他を略すへきにあらず、弊館が新に外国語学雑誌を発行するは正に此が為なり。(中略) 諸国語は主として会話の研窮に任ぜんとす、雑誌は主として尋常中学程度の学生の好伴侶たるを期する」

このように大橋新太郎が識しているように、この雑誌の刊行目的が記されている。読者対象をおもに尋常中学生におき、この年の九月十一日から授業が開始される高等商業附属外国語学校の開校をかなり意識しての発行であったことは、取り上げられている八種類の外国語が、外国語学校の設置学科とほぼ見合っていることからも想像できる。英、独、仏、露、伊、西、韓、支那語の八つの外国語が、明治のその頃にあっては関心が抱かれていた外国語であったと言える。現在とあまり大差がないようである。引用文中、清語は支那語と同じく、中国語のことである。

この『外国語学雑誌』を発行した博文館について記しておくと、明治二十年に雑誌『日本大家論集』の発刊をもって創業し、相次ぐ各種の雑誌、さらに多彩な図書の出版により頭角を現し、明治の出版界の雄として、いわゆる「博文館時代」を画した。当時、わが国の情勢は発展途上にあり、例えば明治二十二年の憲法発布をはじめとし、明治二十七年から八年の日清戦争、明治三十七年から八年の日露戦争等の多難なうちに近代化が急速に推進さ

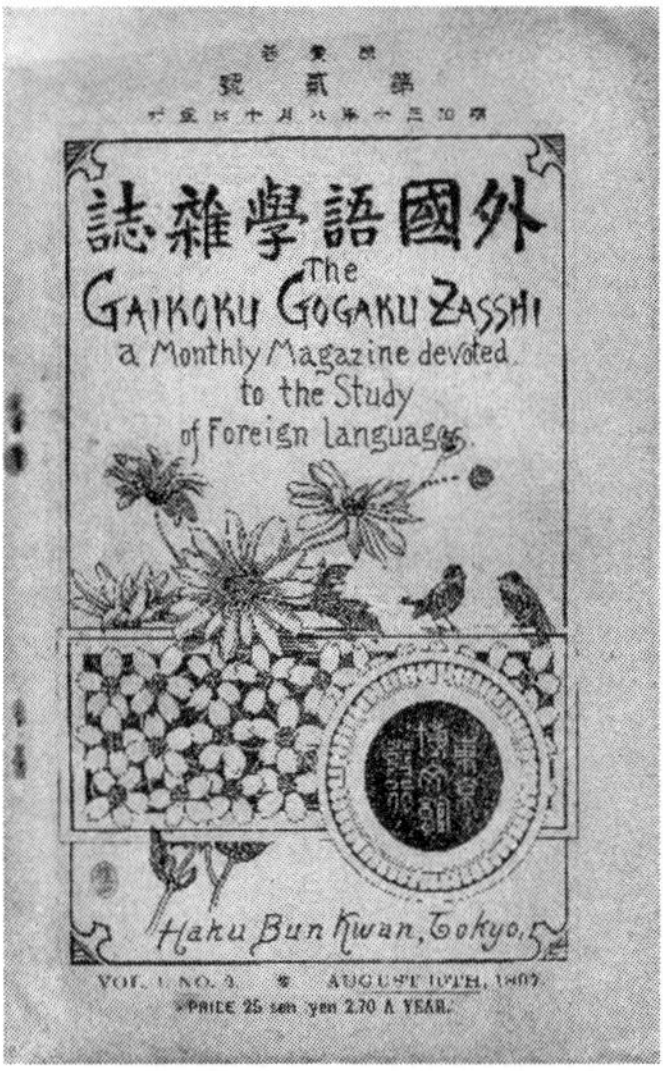

第二号表紙

れた時期であった。あらゆる面で国力の増進が緊急に必要とされ、外国の知識や技術が求められた。このような情勢と時流を明察し、これに対応したのが社主の大橋佐平であり、博文館の出版活動であったといえる。大橋佐平は、先に述べた殖民協会の会員でもあったことから、スペイン語に関心があったと思う。

坪谷善四郎著『大橋佐平翁伝』（昭和七年、博文館）から、付録の博文館小史をみると『外国語学雑誌』は、雑誌第三期の日清日露戦役間に創刊されたなかに見える。国内のどこの図書館に所蔵されているか『明治期刊行雑誌目録』を調べると、国立国会図書館と早稲田大学図書館（欠本有り）に所蔵されていることがわかる。筆者は、幸いにも新潟県長岡市にある古書店の目録で見つけて一部入手した。長岡は、博文館主大橋佐平の出身地であり、縁があるものだとつくづく思わされた。

この『外国語学雑誌』は明治三十年七月十日に第一巻第一号が発行、当時、新聞が一銭ほどで、先にあげた西班牙学協会主催のスペイン語の授業料が週一回で月謝が五十銭であるのを考えると、雑誌は高価なものであった。創刊号から明治三十一年八月十日発行の第二巻八号まで全十四冊をもって終刊となった。終刊の辞によると『外国語学雑誌』は『中学世界』として形をかえて出発し英語は取り上げるが、その他の外国語は姿を消すことになる。当初より露、伊、西、朝鮮、支那語については、毎号四頁程度の内容で「幾年の後に過程を終る可きや」と創刊当初から問題があったようだ。

第一巻第一号を見ると、挿絵が数枚あり、英語（一三頁〜一二〇頁・高等商業学校教授神田乃武主任）、独逸語（一二一頁〜一六〇頁・学習院教授大村仁太郎主任）、仏語（一六一頁〜一七六頁・第一高等学校教授今村有隣主任）、露語（一七六頁〜一八〇頁・高等商業学校講師鈴木於菟平）、伊語（一八一頁〜一八四頁・伊学協会会員伊藤平蔵主任）、西語（一八五頁〜一八八頁・エミリオ・ビンダ主任、第二号から高等商業学校教師の肩書きがついている）、雑報、朝鮮語（第一巻第六号より韓語に名称が変更される、一八九頁〜一九四頁・高等商業学校講師山崎英夫主任）、支那語（一九五頁〜二〇〇頁・関口精一主任）のように、英語が中心であることがわかる。独語は毎号四〇頁、仏語は一五頁にわたり文法、作文、購読、会話について説明されている。朝鮮語、支那語はそれぞれ五頁、そして露語、伊語、西語は四頁程度の紙数をもって発音からはじめられている。第一巻第一号の「西班牙語の綴字と発音」をもって、わが国におけるスペイン語の誌上講座が始まったことになる。

スペイン語講座について記すと、第一巻第一号は、綴り及び発音で、アルファベットは二十七文字より成るとしているが、Kを含めていない。Gについては「ゲ」と読み仮名をふり、AとIとの前には喉音ハとなる、と誤った説明を施しているが、Aはeの誤記であろう。というのもGの母音文字の項で、e、iの前にては喉音となる、独乙語の Tag, mag の如し、喉にてハを発したる時の音の如し、と説明していることから判る。次に、母音文字と父音文字の説明がある。父音は子音のことであろう。父音文字で気づいた点をあげると、ch の項でシルコンフリックス・アクセントの付いた母音文字の前にある時はKのように発音する。例えば、Chàribdis のようにとある。この語は現在の表記法では caribdis「カリブディス・メッシナ海峡の渦巻き」という意味の語である。Ñは仏語 Bretagne の gn と甚だ似たり、日本語の ningyo（人形）の ngy に似たり（ニャニィニュニエニョの父音）、と説明がある。Sの項

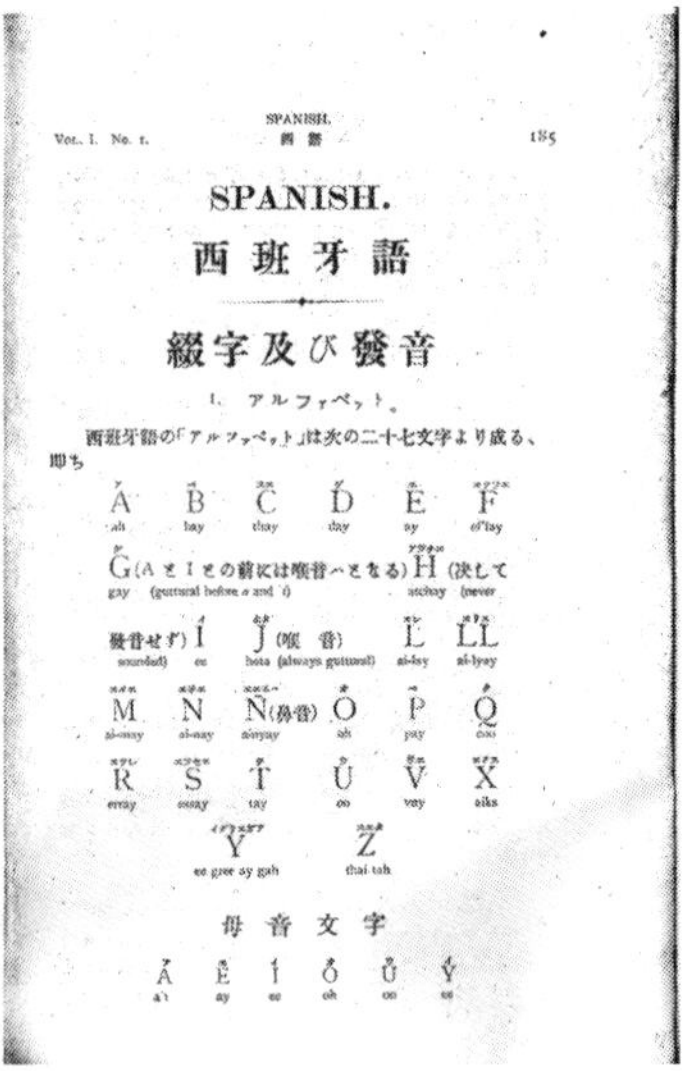
SPANISH.
Vol. I. No. 1.　西語　185

SPANISH.
西班牙語

綴字及び發音

1. アルファベット。

西班牙語の「アルファベット」は次の二十七文字より成る、即ち

A ah　B bay　C thay　D day　E ay　F ef'fay
G gay (AとIとの前には喉音へとなる) (guttural before a and i)　H atchay (決して發音せず) (never sounded)
I ee　J hota (喉音) (always guttural)　L el-lay　LL el-lyay
M el-may　N el-nay　Ñ el-nyay (鼻音)　O oh　P pay　Q coo
R erray　S essay　T tay　U oo　V vay　X eiks
Y ee gree ay gah　Z thai tah

母音文字

A a'h　E ay　I ee　O oh　U oo　Y ee

第一巻第一号一八五頁

で、西班牙語にてはｓに始まる其ｓの次に他の父音文字来ることなし、この文字は重なることもなし、尤も代名詞 se が第一又は第二人称の複数動詞の後に来る時は二重となる、例えば ofrecimosselo（we offer it to him）とある。この説明は現代では Se lo ofrecemos とすべきところである。

第一巻第二号では、語法についての説明があり、「主格の代名詞は通常動詞の前には省略す、人と対話する時は西班牙人は第二人称複数の代名詞 vosotros を用ひずして、usted の語を用ふ。此語は略してV又はVdとなす、貴下の意なり。之が動詞には三人称単数を用ふ」のように、現在のスペイン語の授業で教えるものと変わるところもない。

第一巻第六号では、動詞の活用にあたるものが動詞の結合という用語で説明され、動詞の時制については「西班牙語には英語の不十分なる時といへるものに等しき二個の時即ち不十分なる過去及十分なる過去即ち大過去」説明していることなどが興味をひく。この号より、会話練習に片仮名をふって、次のように記している。

アーコムプラード　ウステー　エスエ　リブロ
¿Ha comprador V. ese libro?
あなたはあの書籍を御買ひなすつたか。

第二巻第三号では、「不十分なる時は現在とての働きを言ひ顕し或は談話する時も尚ほ継続するものとしての働きを言ひ顕し、英語にて現在分詞の前に在る was 若くは were に等しきものなり」と英語を引き合いにしながら説明している。はじめてスペイン語を習う者にとっては理解しがたい説明となる。第二巻第五号では、不定法 lavarse を反照動詞の用語を当てている。現在のスペイン語文法では再帰動詞のことである。注意書きがあり、或る動詞には英語にて反照動詞なるも西班牙語には反照動詞にあらず又西班牙語にては反照動詞なるも英語には反照動詞にあらさることを心得置くべし、と英語と比べて異なる点をあげている。

この講座は、毎号、語類に単語と動詞およびその活用、その訳語を示し、それらの単語を使った短文練習、必要に応じて文法上の説明を折り込んでいくといったパターンでスペイン語の項は構成されている。第二巻第八号の受動詞と未来形の説明をもって、十四ヶ月にわたるスペイン語講座は終わっている。最後の例文は、直説法未来完了を使った次の文である。

ティラレー　エステ　ソムブレロ　クアンド　ロ　アブレー　トライド　トレス　メセス
Tiraré este sombrero cuando lo habré traido tres meses.
三箇月かぶりましたら此帽子を捨てませう。

発音の項でも動詞の説明においても、英語またはドイツ語を引き合いに出して説明していることなどからして、ビンダ氏は英語で書かれたスペイン語のテキストを手本に、この講座を進めていたのか、それとも日本人に説明するには英語が解りやすい言語であったのであろうか。
第二巻第八号の現在完了を使う会話練習の例文に、

キエン　アー　トラヅシド　シアケスペアル　エン　イタリアノ
¿Quién ha traducido Shakespear en Italiano?
誰がシエクスピーアを伊太利語に翻訳致しましたか。

エル　コンデ　マフエ　ロ　アー　トラヅシド
El conde Maffei lo ha traducido.
マフエー伯爵がそれを翻訳致しました。

と見えるように、イタリア人のビンダ氏にしか関心のないような文もあることから、本人が例文を作ったような箇所も窺える。

ところで、この雑誌の雑報欄に編集局員石川辰之助稿になる記事が度々あり、「高等商業学校外国語履修学生数」や「外国語学校規則改正」の記事を執筆している。彼は英語初等科も担当していることなどから、スペイン語にも多少通じていて、ビンダ氏の書いたスペイン語に多少ぎこちないが、片仮名をふり日本語訳を施したのではないかと思う。例えば、次のような文に見える。

ポルケ　ヒュケー　トド　エル　デイア　エン　ヴエス　デ　エスティデアル
Porque juqué todo el dia en vez de estudiar.
勉強しないで終日遊んで居ったからです。

スペイン語の教授法がまだ定着していなかった時代に高等商業学校の授業や西班牙学協会の

講習会でどのようなテキストが使用されていたのか不明であるが、ビンダ氏がこの雑誌に連載したスペイン語講座から、わが国における最初のスペイン語講座の片鱗を垣間見ることができる。

日本におけるスペイン語学習の出発点に、イタリア人エミリオ・ビンダは、外国語を教えるために故国から遠く離れた日本に来て、どのように感じながら学生たちにスペイン語を教えたのか、少なからず垣間見ることができる。現在のようにスペイン語のテキストが溢れていない時代に、教師の言ったスペイン語を鸚鵡返しに繰り返して覚えるという方法であったのであろう。その意味で、『外国語学雑誌』に連載したエミリオ・ビンダ氏のスペイン語講座は記念すべきものである。彼は日本の土に眠っているが、日本のスペイン語教育のうえに一粒の小さな種を蒔いたことは確かだ。

日本で初めてスペイン語が教授され一一〇年経った今日、スペイン語教育は沖縄から北海道まで大学や講習会で教えられ、スペイン語学習者は六万人（二〇〇二年の推定統計）にのぼる人気のある外国語となった。

〈附記〉

本稿を執筆するに際して、明治期の新聞は国立国会図書館所蔵のものを新聞閲覧室にてマイクロフィルムから調査し、また『大日本帝国議会誌』は法令資料室、『外国語学雑誌』『殖民協会報告』『早稲田文学』は雑誌閲覧室、『高等商業学校一覧』『東京外国語学校一覧』『帝国大学一覧』はマイクロフィルムにした資料を参照した。

〈追記〉

ビンダの来日は明治二十三年頃と記したが、高等商業学校に雇われる以前に、長野県尋常中学校（現在の松本深志高等学校）で英語の教師として勤めていたことが判明した。どのような経緯で松本に赴任したかは不明である。明治二十二年十月から翌年の二十三年三月末までの短期間であり、月棒百円の契約であった。この情報は瀬野文教『リヒャルト・ハイゼ物語』（平成二十四年・中央公論新社）による。

また、上田貞次郎は明治二十九年に高等商業学校に入学して、ビンダ氏からドイツ語を習っていることが『上田貞次郎日記』（昭和四十年・上田貞次郎日記刊行会）の明治三十四年一月三十一日付から読み取ることができる。

もう一つ追記しておくと、一八九六年帝国議会でスペイン語の必要性を力説した加藤弘之の子孫（吉田綾子）に私は平成二十七年から八年の二年間、聖心女子大学でスペイン語を教えた。何と奇縁なことか。加藤が日本においてスペイン語の開講を進めてから一二〇年後に子孫がスペイン語を学び、スペイン語事始を著した私が彼の子孫に教えたことは不思議な縁があるものだとつくづく思う。

第三章　日本人による最初のスペイン語会話書・片桐安吉

明治三十年、神戸に住む片桐安吉という一人の日本人がスペイン語会話書を執筆した。この書は日本人の手になる最初の会話書である。本章は、片桐が著した会話書について調べたことを記してみたい。

一　『日本西班会話編』について

明治三十一年二月二十二日、神戸の熊谷久栄堂から一冊のスペイン語の会話書が発行された。書名は『日本西班会話編』一七七頁の新書版・実価金六十五銭である。著作者は片桐安吉とある。この書は、筆者が調査したところ国立国会図書館に一冊だけ所蔵されている。表紙は*Conversacion Japones-Español* 日本西班会話編とあり、帝国図書館蔵の印が押されている。本文では、日本西班牙会話編とあるように表紙で日本と西班と二文字に合わせたきらいがあったのではないかと思う。

まず、片桐が識した緒言を見てみよう。

国立国会図書館ウェブサイトより転載

一近時我国運ノ日進月歩スルニ随ヒ通商貿易モ亦漸ク頻繁ニ赴キ天涯地角ノ絶域モ比隣帝ナラサルニ至ラントス然レドモ古来東洋ノ孤島ニ閉居セル我国民ハ未ダ世界ノ表面ニ立チテ異人種ト輸憾ヲ争フ能ワズ特ニ通商貿易ノ一点ニ至リテハ更ラニ数歩ヲ譲ル埃ソレ通商貿易ノ進歩ヲ計ラントスルニハ其方法一ニシテ足ラズト雖ドモ言語ニ熟通シ以テ彼此ノ意思ヲ通ズルガ如キハソノ尤モナルモノナラン　シテ英仏ノ如キニ至リテハ世已ニ此レヲ学ブノ法完備セリト雖西語ニ至リテハ此レヲ学ブ実ニ難トス南洋諸島ニ或ハ南米ニ或ハ墨其西可ニ植民ノ計画アリ通商ノ計画アルノ今日西語ヲ学ブノ必要ハ決メテ彼ノ英仏緒語ニ譲ラザルナリ余近時閑ヲ得テ日西会話編ナル小冊子ヲ編集シテ世ニ公ニセントス其意亦之レ在リ以テ少シク世ノ補益スルアラバ乃ハチ足レリ埃

明治三十年十二月

著者　識

その内容は、次のようである。

本数（一―一〇〇万）、順数、月表、四季表、七曜表、方位、時間、順数ノ次キ、合色、度量、通貨、官命及爵位及職名、人類及商業、家屋及製造所、国及所及山丘、商売用、輸出品及輸入品、食品及食器、一般会話（四四～七二頁）、通信並ニ郵便局ニテノ談、芝居ニ付ノ談、洗濯屋ニ付テノ談、銀行ニ付テノ談、時計屋ニ付テノ談、仕立屋ノ談、靴屋ノ談、運動及ビ歩行ノ談、観商場ノ談、旅行ニ付ノ談、汽船ノ旅行ニ付テノ談、税関ニ付テノ談、宿屋ニ付テノ談、室借リニ付テノ談、食事ニ付テノ談、短語（一〇六～一七七頁、イロハ順に二四〇〇語）。

まず、興味ある語彙と文章を見てみよう。表記は日本語に対応するスペイン語そしてカタカナで読みが記されている。

10diez ジエス、十二月 diciembre ジシエムフレ、冬 inverno インベルノ、水曜日 Fueves フウエベス、明后日 pasao manana ハサヲ マニヤナ、明晩 manana noche マニヤナノチエ、グラモ gramo 凡我二分六厘六毛強、キロメトロ kilometro 九町十間強、リトロ litro 五合五勺六抄強、ペソ peso 彼ノ一円、ペセタ peseta 廿銭、祖父 padre politico パドレ ポリチコ、包丁人 cocinero コシ子ロ、床屋 barbero バルベロ、絹織物 tejido de seda テヒド デ セダ（輸出品に織物関係の語が多く見られる、生地の長さについてはヤードと反の表記がある）、椅子 silla シリヤ（下線が施してある学習した印か)、眼鏡 anteojo アンテヲホ、七面鳥 gallos de india ガリヲス デ インジア、牛酪 manteca マンチカ、胡瓜 cohombro コヲムブロ、胡瓜 melon メロン、肉サシ tenedor テ子ドル。

一般会話および場面を想定した会話には、次のような文がある。

今日ハ ブエノス ジヤス、ゴ機嫌ヨロシウ コモ エスタ ボステ、明日ハ天気ニナツテクレバ良ノニ Manana espero que se despejara el tiempo. マニヤナ エスペロ ケ セ デスペハラ エルチエンポ、非常ニ若ク見エマス Vea muy jovena. ベア ムウイ ホヲベナ、ヲナマイハ何ト申マス Cómo se llama V.? コモ セ リアマ ボステ、井口ト申シマス・Se llama yguchi. セ リアマ イグチ、北野町ニ住デ居リマス Vive en la calle Kitano. ビビ エン ラ カリエ キタノ、貴君ハスペイン語ヲハナシデスカ Habla V. español? アブラ ボステ エスパニヨル、ヘイ 少シハナシマス Si señor, habla un poco. シイ セニヨル アブラ ウン ポコ、ドコデヲ習デシタ Ha donde aprendido V. アドンデ アプレンジド ボステ、

貴君ハ支那語ヲ習テヲイデナサルノデスナ Está V. aprendiendo el Chino? エスタ ボスチ アプレジエンド エル チイノ、ヘエ本ヲ持テ居リマス Si señor, tengo el libro. シ セニヨル テンゴエル リブロ、元町ノ本屋デ買ヒマシタ Comprado librero de calle motomachi. コムプラドリブレロ デ カリエ モトマチ、

銀行エ百円紙幣ヲ替ニ行子バナラヌ Tiene que ir a banco para cambiar los billetes de cien yens. チエ子 ケ イル ア バンコ パラ カムビアル ロス ビレエテ デ シエン エン、陶器扇子絹茶其他種々輸出シマス Se exporta porcelana, abanico, seda, te yde mas varias cosa. セ エキスポルタ ポルスラナ アバニコ セダ テ イデ マス バリアス コサス、イエ此ノ手紙ヲ荻野君ノ宅エ持テイテクダサイ No, llevela V. el señor Ogino. ノヲ レベラ ヲステ エル セニヨル ヲギノ、貴君ハ大黒座ノ芝居ヲ見ニ行レタ事ガ有リマスカ Ha estado V. alguna vez en la Daikokuza? ア エスタド ヲステ アルグナ ベス エン ラ ダイコクザ、須磨ノ方カラ明石ノ方エ行キマス Ire a Suma y luego a Akashi. イレ ア スマ イ ルエゴ ア アカシ。

英語の New York の表記を→ Nueva York にペンで訂正した跡がみられる。

単語のなかで興味深い点をあげると、次のようなものがある。

イカイ 大イ Grande, イサゴ 砂 Arena, ハム 食ム Comer, トリアゲババ産婆 Partera, ノチ 後 Dispues ジスプエス、コテ 鏝 Trula トルラ、シマ 島 Ysla イスラ。

二 スペイン語会話書の出版の経緯

神戸でスペイン語会話書が日本で最初に発行されたのはなぜなのか。その理由を考えてみると、次のようなことが考えられる。神戸港では、絹織物加工品の輸出は明治初期には絹織物を凌駕する活況を呈していた。明治三十年頃よりミシン加工も行なわれ益々盛んになり南米への発展に関連している経緯がある。明治二十一年には日墨修好通商条約が締結され、さらに明治三十年には最初の中南米移民がメキシコに入植している。いわゆる榎本植民団である。片桐はこの移民について緒言で触れている。

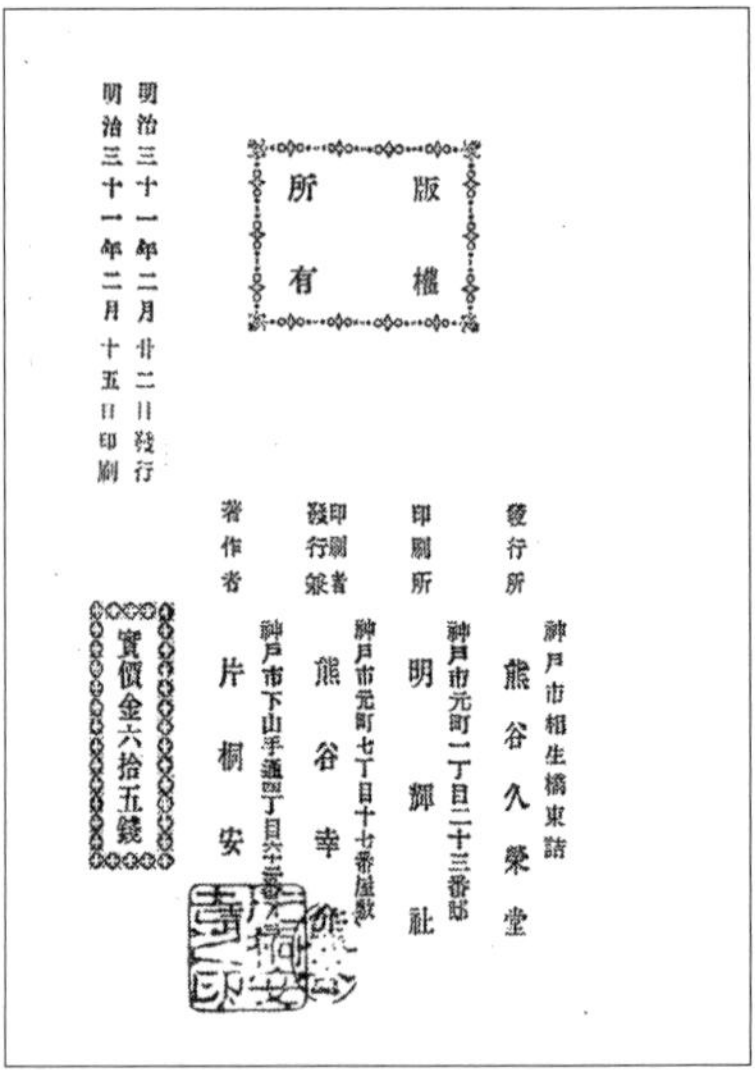
版權所有

明治三十一年二月廿二日發行
明治三十一年二月十五日印刷

發行所　神戸市相生橋東詰　熊谷久榮堂
印刷所　神戸市元町一丁目二十三番邸　明輝社
印刷者發行者　神戸市元町七丁目十七番屋敷　熊谷幸介
著作者　神戸市下山手通四丁目六十番　片桐安吉

實價金六拾五錢

　こうした時代の流れのなかで、移民と貿易を中心とする関係上、スペイン語が必要となってきたのである。明治三十年には、東京で高等商業学校附属外国語学校が開設されている。この学校で初めてスペイン語の授業が始まったわけである。明治三十一年の『版権書目』を確かめると、確かに二月二十四日に『日西会話編』（一冊）著作者神戸市片桐安吉、版権所有者神戸市熊谷幸介と見える。熊谷は神戸市元町七丁目十七番屋敷に住み、熊谷久栄堂は神戸市相生橋東詰に所在していた。

　スペイン語会話書を刊行した熊谷久栄堂は、明治期以来神戸を代表する出版社だった。熊谷久栄堂が刊行した図書は多くあり、特に神戸新聞に連載した記事をもとにした『燐寸商標史』大正三年は、当時すでに収集家も多く商標の実物大を貼りつけたものである。商標ラベルはマッチ製造と輸出にとって非常に重要なものであった。明治十二年『幾何学階梯』、明治十三年『摂津五郡地誌略』、明治十五年『湊の魁』、上田貢次郎著『実用貿易必携』明治二十八年などを発行し、店主熊谷幸介は神戸元町通七―十七で書籍商を営んでいた。

三　片桐安吉のこと

著者の片桐安吉については、神戸市下山手通四丁目六十二番地に住むことが奥付から判るが、それ以外のことは皆目見当がつかない。どの様に調べたらよいのやら困り果てた。神戸市立博物館の知友三好氏に問い合わせたところ、出版元の熊谷久栄堂については資料があったが、片桐安吉については資料も文献もなくしばらくその儘にしておいた。神戸の人物伝や紳士録などを調べたら何か判るかと思いながら調査すると、『明治神戸人名録』が明治四十一年に刊行されているのが分かった。これも国会図書館に出向いて調べてみると、片桐萌吉（下山手通八―一七八―一六）、片桐芳次郎（下山手通二―一六七絹織物輸出商）の名前が見えるが、片桐安吉の名前は見当たらない。人名録には、所得税二十一円以上払っている者の名が掲載されているので、安吉はそれに達していなかったので名前は載っていないのであろうか。

神戸市立公文書館には『神戸又新日報』があるので、丹念に記事に当たってみる必要もあるのでないかと思い、そちらから調査すると次のようなことが明るみになった。

片桐安吉（近藤弘康氏蔵）

片桐はスペイン語会話書の緒言のなかで盛んに貿易のことに触れているので、明治期の新聞『神戸新聞』と『神戸又新日報』から関連記事を調査すると、片桐について数件該当するものがあった。大正十四年六月の『神戸新聞』の記事に、貿易組合から独立して神戸輸出絹組合設立され、そのなかに片桐と片桐商店の名前が見える。恐らくこれだと思った。また片桐安吉という人物が神戸市楢通に住む竹田つねの保険金の証人として『法律新聞』大正六年七月十三日に名前が見える。さらにニューヨークに片桐商店の名前があるが、関係があるのであろうか。いろいろ不明なところがある。ただ分かることは、会話書のなかで神戸、須磨、明石、北野、元町の本屋さん、大阪などの地名を折り込んだり、大黒座という芝居小屋を選んだり、また絹織物や輸出に関する例文がふんだんに見られることなどから、神戸に住んでいて貿易に従事する人物か神戸税関官吏かと推察される。
緒言から読み取れるように、暇があるのでスペイン語会話書を著したわけであるが、どのように、そしてどこでスペイン語を学習したのか疑問が残るところである。貿易商ならば書籍の輸入も容易であったのであろうから、あるいはスペイン語の書物を輸入して独修したのではないかと思う。

国際都市神戸でスペイン語を学習する機関がない時代に貿易のために必要となるスペイン語を独力で学び、一冊の会話書を著した片桐安吉という人物の経歴は詳らかでないが、日本人として最初にスペイン語会話書を著した人物である。片桐の著した会話書には若干の誤記もあるがカタカナ表記のスペイン語は比較的正しく書かれている。明治三十一年神戸で刊行されたこの書は日本人とスペイン語の出会い物語として記念碑的存在である。

〈追記〉
二〇〇七年に片桐安吉のことを『イスパニア図書』に寄稿して、その後、諸々の論考を纏めて『スペイン語事始』二〇一三年に単行本として刊行してから、三年程経った二〇一六年十月に神戸市外国語大学に出張があったので、気がかりになっていた日本人初のスペイン語会話書を著した片桐安吉のことを再び神戸で調査してみた。何と片桐の末裔の方が神戸市の北野に居られることが判明した。驚きである。近藤弘康さんという方である。

早速、近藤さんから片桐安吉のことを伺うと、近藤さんの祖母、すなわち安吉のご息女が存命の頃に近藤さんが聞いた話をまとめると次のようである。安吉は若かりし頃、明治二十年代に新天地ブラジルに渡航することを夢見ていた。そこで、神戸港から密航してフィリピンのマニラに辿り着いたが、日本領事館に保護されてマニラに住むことになり、数年のあいだ領事館の保護のもとスペイン語教育を受けた模様である。そして日本に帰国後は神戸で外交官の仕事をしていたらしい。出勤する際は、神戸市下山手にあった住まいに人力車がいつも迎えに来ていたという。写真から分かるようにカイゼル髭をたくわえ凛々しい顔立ちである。カイゼル髭は明治大正時代流行ったようで、洋装から判断すると商人ではなさそうである。外交官をしていたというので、あるいは神戸に開設されたアルゼンチン領事館に勤務していたか、あるいは神戸税関の官吏であったか詳らかではない。生年は不明であるが幕末の頃かもしれない。没年は大正八年（一九一九）一月十六日であった。現在、神戸市追谷墓園の第十区に眠っている。

片桐安吉が神戸からマニラに渡航したころのことを調べると、明治二十四年日本フィリピン航路が開設され日本郵船の敦賀丸が就航している。日本領事館はマニラに明治二十一年（一八八八）に開設され一八九三年に一時閉鎖、日清戦争後明治二十九年に再開。日本商業館も開設。するると、安吉がマニラに渡ったのは明治二十一年から明治二十五年の間であろう。この間にスペイン語を学び、神戸に帰り明治三十年にスペイン語会話集を執筆して翌年の二月発行されている。明治三十年には神戸風月堂が創業した年であり、神戸外国人居留地にはポルトガル人モラエスが明治三十二年ポルトガル領事館に副領事として着任している。そして明治三十五年には神戸に高等商業学校が開設されたが、スペイン語が開講したのは明治四十二年である。最初のスペイン語教師はイタリア人のデル・ボルゴであった。翌年にはスペイン国カディス出身のエミリオ・エレーラという人物が来日してスペイン語を教授した。エレーラはアルゼンチン共和国副領事で大正四年頃までスペイン語教師を兼務していた。当時、関西でスペイン語を解する唯一の日本人片桐安吉が教壇に立った形跡は窺えない。

第四章　メキシコ移民が著したスペイン語会話書・黛忠太郎

二〇〇五年三月下旬、日本イスパニヤ学会から明治四十年に発行されたスペイン語会話書に関する問い合わせのメールが入ってきた。明治四十年には四冊の書籍が発行されているが、そのなかで竹友舎が発行した『スペイン語会話篇』についての著作権者連絡先調査に関するものであった。

これは国立国会図書館が進めている近代デジタルライブラリーに、明治期に刊行された書誌をマイクロフィルムにすることから、著者の死後五十年で権利がなくなるために、このスペイン語会話書の著作権者の連絡先を探しているということらしい。

筆者は、日本人とスペイン語の出会いには興味がありこれまで調査をすすめているので今回もう少し補足の意味で竹友舎が発行したスペイン語会話書に纏わることを記してみたい。

一　明治期のスペイン語の書籍

明治以後、外国語とくに英語が日本人に与えた影響は大きな変動をもたらす原因であり、明治維新後、日本の近代化において言語的にもっとも重要な役割を演じたのは英語である。しかし、明治も二十年代になると初期の文明開花の手段としての英語とは別に、他の外国語へと関心を寄せ、とくにフランス、ドイツ、ロシアなどの文学の影響を受けるようになった。日清戦争の後、外国語の必要性を痛感した日本政府は、明治三十年四月高等商業学校附属外国語学校を開設し、二年後の明治三十二年四月に東京外国語学校は独立して西班牙語学科が設けられた。

明治期、日本にとって重要なスペイン語圏の国々は中南米であった。明治六年日本ペルー修好仮条約が締結されている。これは前年に起きたマリア・ルイス号事件が発端となっていることは言うまでもない。明治二十一年には日墨修好通商条約が締結され、これにより最初の日本領事館がメキシコに開設された。明治三十年には最初の中南米移民がメキシコに入植している。榎本武揚が計画した殖民である。移民と貿易を中心とするメキシコとの関係は、重要なものになっていった。

こうした時期にスペイン語に関するかぎり、英語やフランス語と異なり会話書が真っ先に出版された。スペイン語は文化を移入しようとするものでなく、中南米に輸出用のための語学の性質をもっていたと言える。会話書を著した人たちは、片桐のような民間人と外国語学校でスペイン語を学んだ岡崎や金沢、またメキシコに渡りその地でスペイン語を学んだ戸谷や黛がいる。

明治期に出版されたスペイン語学習書には、次の九冊がある。

C. イニゴ著『スパニシエ会話』明治三十年六月発行、丸善株式会社書店、二一四頁。
片桐安吉著『日本西班会話篇』明治三十一年二月、神戸熊谷久栄堂、一七七頁。

岡崎隆一著『西和会話篇』明治三十二年二月、門部書店、六二頁。

エミリオ・サピコ校閲、金沢一郎編纂『西班牙語会話篇』明治三十八年一月、大日本図書、三三六頁。

戸谷松太郎著『日西会話書』商人・興業家・労働者、明治四十年一月、雲梯舎、一一四頁。

東京　岡崎屋書店編『西班牙語独修』明治四十年八月、一五一頁。

黛忠太郎著『スペイン語会話篇』墨西哥南米諸国、明治四十年八月、竹友舎、七二頁。

金沢一郎編『日西会話』明治四十一年十一月、大日本図書、一一五頁。

篠田賢易校閲・金沢一郎編纂『西班牙語動詞字彙』明治四十年三月、丸善、二一九頁。

二　黛忠太郎のこと

まず明治四十年に竹友舎から発行された『スペイン語会話篇』は、奥付から群馬県北甘楽郡下仁田町一九六番地に住居を定める黛素次郎が発行者になっている。忠太郎と素次郎の関係は何なのか知りたいところである。何れにしても血縁者であろう。会話書の序文は黛忠太郎が一九〇五年八月メキシコ国チワワ市に於いてしたためている。そして発行は、明治四十年八月三十日である。一九〇五年は明治三十八年だから忠太郎がメキシコで脱稿してから東京で発行されるまで二年経過している。メキシコから日本まで当時は船で五十日余かかっていたから忠太郎がチワワ市で書きおえた原稿を東京に運んで印刷発行したものであろう。校正がどの程度おこなわれたか分からないが、この書には誤植もいくらか見受けられる。著作者は黛忠太郎、発行者は黛素次郎、発行者は東京市京橋区高代町四番地にある竹友舍である。国立国会図書館に所蔵されているこの書の図書カードと文献目録には、黛太郎と記され、他の研究者もそのまま誤記している。実物には、確かに黛忠太郎と記されているので書き添えておきたい。

黛は、葱と蒟蒻で有名な下仁田町出身の移民であろうと思い、遺族が現在でも住んでいればと考え探してみた。下仁田には六軒の黛姓があった。そのうち素次郎にもっとも近い下仁田一五〇番地に黛弥太郎氏なる方が住んで居られるので、もしかしたらと思い電話をかけてみたが、残念ながら違うらしい。その後、郷土資料館の館長さんに伺ったが、明治時代と現在では番地は同一でなく異なっているとのことである。また明治時代にたとえ下仁田に住んでいても、その後転居したなどの理由で追跡は難しいことである。

次に、外務省通商局『移民調査報告』第三冊、明治四十一年十二月編纂のなかの「墨国移民調査報告」をみることにした。在墨国特命全権公使荒川己次の報告によると、荒川は明治四十一年二月から三月に調査を行い、チワワ市については「同市ニハ七年前同市ニ来リ目下鉄道会社ニ勤務シ相当ノ生活ヲ為シ居ル黛某ナルモノアリ移民ノ世話ヲ為シ居レリ同人ノ手ニハ、チ

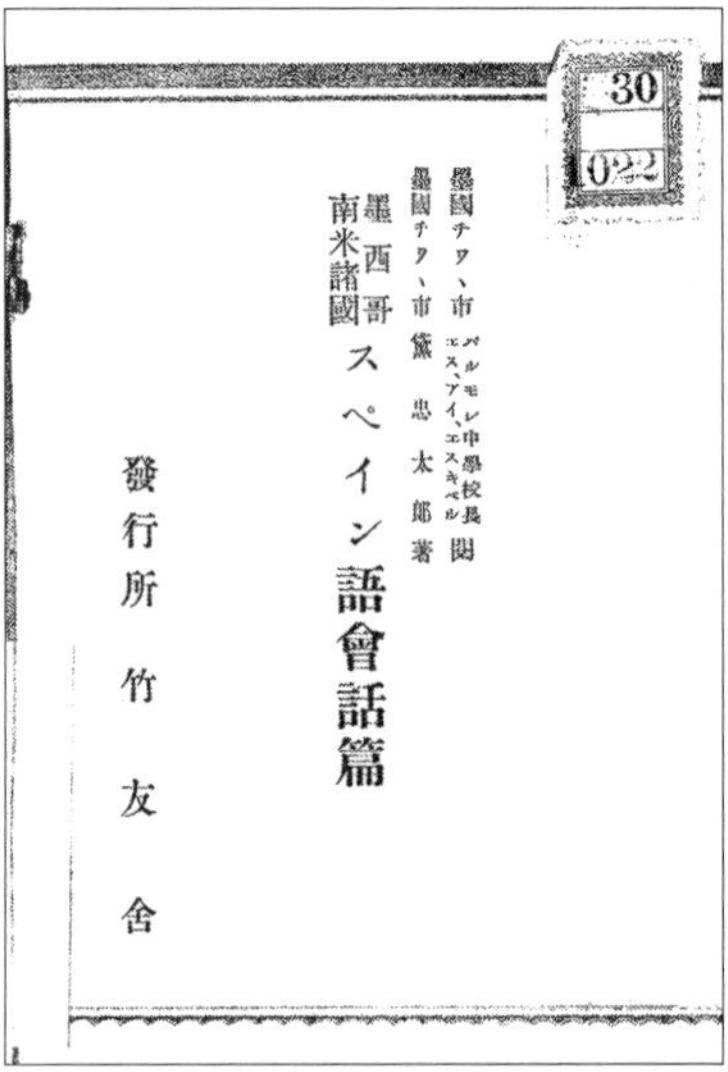
30
022
墨國チワヽ市 パルモレ中學校長 エス、アイ、エスキベル 閲
墨國チワヽ市 黛 忠太郎 著
墨西哥 南米諸國 スペイン語會話篇
發行所 竹友舍

国立国会図書館ウェブサイトより転載

ワワ付近ノ鉄道会社及ビ坑山ニ周旋シタル移民三百名以上アリ皆大陸初メ其他会社ノ流浪民ナリ」というように書かれている。このことから、黛は明治三十四年頃からチワワ市に住んでいて、鉄道会社に勤めて裕福な生活を送っているようだ。技師なのか駅員なのか詳らかではないが、会話書を著すぐらいだから高等教育を受け、当時メキシコに住んでいたことがわかる。

すでにメキシコには榎本殖民があったが、中断の結果、明治三十二年からは東洋移民会社、熊本移民会社、大陸植民合資会社の手により契約移民が開始されることになり、明治四十年の日米墨移民紳士協定により、移民が終結するまでのわずかのあいだ十数回にわたり鉱山、鉄道工夫として送り込まれ、約八千人の日本人移住者がメキシコに渡っている。このような多数の移民の渡航後の仕事は、大多数は炭坑の工夫、コリマ・テウアンペク地方の鉄道敷設の工事に従事し、あるいはオハケンヤ甘蔗耕地で働いていた。しかし会社と移民との間に協調を欠き移民は会社の希望を入れず、かつ移民の渡航前の考えと渡航後の実際とが一致しないなどの問題があり、契約移民中に逃亡者が続出するようになり、会社の存続も危ぶまれ終に解散となった。このようななかでもメキシコに永く留まった移民は、農業や商業の経営をしながら独立の基礎を確立している。これは昭和七年当時の十蔵寺宗雄『南米案内・下』日本植民協会、一九三二年による。

さて、黛の著書に戻るが表紙は『墨西哥南米諸国　スペイン語会話篇』で、校閲が墨国チワワ市パルモレ中学校長エス・アイ・エスキベルとある。次の頁にはスペイン語でCONVERSACION ESPAÑOL-JAPONES POR FEDERICO C. MAIZUMI. REVISADO POR EL PROFESOR S.I. ESQUIVEL PRINCIPAL DEL COLEGIO PALMORE CHIHUAHUA, MEXICO. とある。黛はフェデリコという洗礼名を持っていることがわかる。姓の黛であるが、普通、辞書には「まゆずみ」と読むようであるが、「まいずみ」と忠太郎は記している。確かに、下仁田の黛弥太郎氏は「まいずみ」と言っていたことから、当地ではそのように読んでいるのであろう。

ここに一九〇五年八月にチワワで書かれた序文があるので記しておく。

> 今や帝国の名声は世界至処の山間僻地の寒村にも響き亘り随て吾人同胞の任務は益々重大となれり此際諸外　国と雌雄を争ふに当り最も必要にして欠べからざるはは其の国人の言語に良く通ずるの一事なり、スペイン語の用ゆらるる実に広くスペインメキシコラテン

アメリカ諸国キウバ又燐国たる米領ピリツピ群島は皆此語をして其の国語となすなり此等諸国は未だ開堀せざる天然の富源を有し勇敢なる貿易家堅忍なる探検家の来るを待ち居れり吾人多望なる青年は国運の隆盛と伸張に伴ひ又此方面に当り奮て諸外国人を凌駕し盛に旭日旗を翻すべきなり余多年墨国に在りて西班牙語を修め大に感ずる処ありし援に一小冊を著し江湖の有為なる青年諸君の便に供す

千九百五年八月

墨国　チワワ市に於いて

著者識す

本書の目次を見てみると次のような構成である。

アレハベト、数、挨拶、実用語句、旅行、荷物、税関、旅館到着、旅館、料理店、週日、年月、煙草、洗濯、理髪所、裁縫屋、郵便局、電信、馬車と箱馬車、医者と薬、時間、四季、食物・果物、数（続き）重量・尺度、金銭、金属、家族、家、商店、国・国民、実用単語、実用短句、普通の動詞（ＡＢＣ順に五一四語掲載されている）。

次に興味深いスペイン語の例を見てみよう。単語については、スペイン語に片仮名で読みをつけて日本語を当てている。

1　メキシコスペイン語の単語

Boleto ボレト 切符、carro de correo カロ デ コレオ 郵便車、planca（talon）プランカ（タロン）荷札、baul（petaca）バウル（ペタカ）荷物、cobija コビハ 毛布、papas パパス 芋、durazno ヅラスノ 桃。

これらの語の意味は、スペインのスペイン語では使われず、ラテンアメリカのスペイン語に使われている。

2　日本語の訳語について

tomates トマテス 赤茄子、Melon メロン 胡瓜、Lechuga レチュガ チシヤ。

料理屋で He aqui su propina. 此ニ汝ニ花ガアル。

このように、とても興味深い日本語訳がつけられている。

3　時制について

Ayer he tenido su carta. アイエル エ テニド スウ カルタ、昨日汝ノ手紙ヲ受取マシタ。

このように現在完了形を使っているが、スペインのスペイン語では完了過去形を使うところである。

4　あまり使われない表現

Alza V. mi cama. アルサ ウステー ミ カマ 私ノ床ヲナヲシテクレ。

5　叙法の違い
Quiero que me rasura. キエロ ケ メー ラスラ、ヒゲヲスッテ下サイ。
rasura は直説法現在形であるが接続法 rasure を使うべきところであろう。「髭を剃る」が正しいが「髭をスル」として訛語を用いている。
6　意味の違い
Almuerzo アルムエルソ 朝飯、Merienda メリエンダ 小昼飯。
アルムエルソは、普通は昼食の意味であるが地域によりことなり、ラテンアメリカでは朝食の意味である。メリエンダも午後の軽食であるが、メキシコでは軽いお昼である。
7　貨幣について
Diez centavos ジェス センタボス 十仙、Un decimo ウン デシモ 十仙銀貨、Una peseta ウナペセタ 二十五仙銀貨、Dos reales ドス レアレス二十五仙、Un toston ウン トストン五十仙銀貨、Un peso ウン ペソ 壱ドル。
生活に必要な貨幣については詳しく記してある。

大正二年の『移民調査報告書』のうち墨国チワワ州を見ても、吉山基徳が日墨研究社から昭和三年に発行した『注目すべきメキシコ』を見ても黛忠太郎の名を見つけることはできない。チワワ市には日系人が六十人ほど居住していると記している。そのなかで食料品雑貨を営む福垣内林市は、一九〇六年コリマ鉄道の契約移民としてメキシコに渡り、その後チワワに残ったらしい。しかし黛の名は記されてないことからすると、すでに死亡したか、また鉄道敷設が終わり技師としての仕事も終わりチワワ市を去ったのかもしれない。黛はチワワ市に七年住み、中学校長エスキベル氏の知遇を受けて、辛酸多い日本人契約移民たちにスペイン語を知らしめるために会話書を編んだのだろう。生活のためにスペイン語を必要とした日本人移民たちには、少なくとも黛が著したスペイン語会話書は有益であったろうと推測される。

第四部　大正期

第一章　『四國對照南米語自在』・海外雄飛会

大正三年（一九一四）五月、東京の活人社という出版社から『四國對照南米語自在』という本が刊行された。そして、十年後の大正十三年七月に大阪で同書は再版されている。この章では、本書をめぐる日本の社会情勢から出版の意図を探りたい。

一　『四国対照南米語自在』閲覧まで

この書籍を調べるために、まずは国立国会図書館の所蔵図書検索から始めてみると、国会図書館には残念ながら所蔵されていない。他の所蔵図書館を調査すると、公立図書館に所蔵されていることが判明した。奈良県立図書館、石川県立図書館と京都府立図書館の三か所に活人社発行の初版本がある。さらに、滋賀県立大学図書館朝日文庫と同志社大学今出川キャンパスの図書館に大正十三年に大阪で発行された再版本があることが確認された。海外では南満州鉄道大連図書館蔵書目録第四号に掲載されている。

さて、現物を見るにしても東京に住んでいる者にとり出かけて行くのはかなり遠いので、私がスペイン語を教えている津田塾大学図書館に相談すると、公共図書館に問い合わせて図書館相互貸し出しシステムという便利な方法を利用して、許可されれば大学の図書館内で閲覧ができるとのことで、早速お願いすることにした。

最初に、検索でヒットした奈良県立図書館に貸し出しを依頼したところ、二週間ほどして返事がきた。メールには『四国対照南洋語自在』と記載されていたので、確認するために司書の方に現物を見ていただいたところ、私が依頼した『四国対照南米語自在』とよく似たタイトルの『四国対照南洋語自在』が大学図書館に届いていた。一文字違いの別の本である。私が依頼した奈良県立図書館は、一文字違いで別の書籍を誤って大正時代に登録してしまい、そのままで気が付かなかったわけである。誰も南米語の本など関心もなくこれまでに貸し出しもなかったのであろう。出版社も出版年も装丁も二つの書籍は全く同じであるためだろうか。ただ一つ異なる点は、『南洋語自在が』大正三年五月発行で三八五頁、『南米語自在』のほうが大正三年六月発行で二九八頁である。こうした次第で再度依頼することにした。今度は、滋賀県立大学図書館に館外貸し出しの依頼状をした

滋賀県立大学図書情報センター蔵

ためた。すると、一週間ほどで届いた。この書籍は再版本であり、かつて朝日新聞社調査部の所蔵図書であったものを滋賀県立大学が購入して朝日文庫としたものである。再版本は装幀・内容とも初版本と同じであるが、発行元は大阪の芸術日報出版部である。現物を見るまでにいろいろな経緯があったが、さて、これから本書をいろいろと眺めて考察してみたいと思う。

『四国対照南米語自在』の初版は大正三年六月二十一日に東京市戸塚町字諏訪六十二番地の活人社から発行された。中判美装一九cm、総頁数二九八。定価壱円郵税八銭。編者は海外雄飛会で、代表者兼発行者は小崎都也野である。住所は東京府下豊多摩郡戸塚町字諏訪六十二番地。活人社と海外雄飛会は同じところに存在していた組織である。現在の東京都新宿区高田馬場一丁目と西早稲田二丁目の各一部である。戦前は、早稲田大学の学生向けの下宿が軒を連ねていたという。

一方、再版本は大正十三年七月十三日に刊行された。代定価金三円五拾銭、海外雄飛会編で代表者兼発行者は藤井都也野、大阪市北区西野田玉川町四丁目九十五番地、発行所は芸術日報出版部であり海外雄飛会と同所である。

海外雄飛会の代表者小崎《こざき》は、再版を出すにあたり東京から大阪に移り名字を藤井に変えている。ここで気になるのが、海外雄飛会と活人社の関係である。活人社は海外発展叢書を刊行していて、第一編が『海外移住の鍵』、第二編『四国対照南洋語自在』、第三編『四国対照南米語自在』である。何れも海外雄飛会編である。この会は、海外雄飛を旨とする機関で海外発展を実行することを視野に結成されものであろう。このほかに、活人社は『独立自営当今世渡り百話』、『当世名士縮尻り帳』、『現今流行五大健康法』、『黄金万能』、『天下一品活人』、『奇人正人』などの売れ筋の本を出版していたようだ。

雄飛会代表の小崎のことを調べてみると名前は都也野《つやの》で、『仏蘭西及支那美術代表作集成』大正十一年・日新美術社、『努力一貫・四十余名士之心血』大正三年・東京萬巻堂、『現代名士化の皮』大正四年一月・春江堂などの著書があるが、詳しいことはよく分からない。活人社海外発展叢書第一編『海外飛躍の鍵』は六百頁余の大冊で雄飛会編になる。この海外雄飛会には渋沢男爵、大倉男爵、中野、安田翁、元田逓信相、仲小路逓信相、川田東洋移民会社社長などが與していたようだ。

明治期の日本と南米の関係は、明治六年（一八七三）日秘修好通商航海仮条約が締結されている。南米諸国のうち日本と国交を樹立した最初の国はペルーであった。明治二十一年（一八八八）には日墨修好通商条約が締結された。これにより、最初の中南米移民が明治三十年（一八九七）メキシコに入植している。榎本武揚が計画した植民である。それに続くペルー移民は明治三十二年（一八九九）に始まり大正十二年（一九二三）まで契約移民が行われた。

一方、笠戸丸によるブラジルへの第一回契約移民が明治四十一年（一九〇八）四月二十八日神戸港からブラジルのサントスに向けて出港した。六月十八日笠戸丸はサントス港第一四埠頭に接岸した。この日をブラジルでは「日本人移民の日」として記念している。笠戸丸は東洋汽船株式会社の所有船であった。当時、東京外国語学校西班牙語科助教授金沢一郎は、元々南米の新天地で活躍し、その実を究めようとする志が強く東京外国語学校を退職して、明治四十年一月東洋汽船株式会社に入社して多年憧れの南米に渡航した。チリ、アルゼンチン、ブラジルを視察して、その後東洋汽船南米代理監督としてチリ、ペルーに七年間ほど滞在した。大正四年に帰国し、母校に復職している。金沢は明治四十一年に大日本図書から百頁余の袖珍本『ほるとがる（ぶらじる）語会話』そして『日西会話』の二冊を渡航前に上梓している。この笠戸丸に乗船した移民に向けて著した会話集は彼らにとり有用であったと思われる。

二 『四国対照南米語自在』の内容

本書が発行される以前の明治期に発行されたスペイン語関係の書籍は僅か九冊に過ぎず何れも袖珍本であるが、『四国対照南米語自在』は、金沢一郎編纂の『西班牙語会話篇』明治三十三年・大日本図書発行・三三六頁に匹敵するスペイン語会話書である。

『海外雄飛の鍵』の案内に、『四国対照南米語自在』の宣伝が掲載されている。二ケ月卒業・スペイン語、ポルトガル語、英語、日本語を対照し精確にして懇切なるを以て南米移住者唯一の必要書、本書を有せば自在に横行し得、とある。書名の四国《よんこく》とは、中南米の四ヶ国、すなわちブラジル、ペルー、チリ、メキシコを指すのかと思いきや、スペイン語、日本語、ポルトガル語、英語の四ヶ国語を表している。
さて、再版本から『南米語自在』の内容を考察してみたい。まず、南米語自在序は次のように見える。再版に当たり出版元を芸術日報出版部に入れ替え、日付の大正三年は初版本の際のものを転用したものと思われる。

近来海外発店の声盛んになつて、其中で南米と南洋とは尤なるものである。併し如何に其声が盛んになり移住するものが、殖ゑるにしても、之に伴ふて其国に必要なる言語に通ぜざるに於ては恰も盲目の垣覗きで、余所目も気の毒である。
よし多少得る所はあるにしても、そは極めて少かるべきは見易き道理で、折角目の前に獲得せらるゝ巨利をも又好機会をも見す見す捕へられで、口惜がる事の多きは想像するに耐えたり、今回芸術日報出版部に於て曩きに発行されたる南洋語の姉妹篇として日常の必要語を調査編纂せる南米語自在てふ書を刊行するに臨み余に序を徴せらる。有之哉々々南米の我好発展地たる以上其渡航者に利便を与ふるは勿論利器に依り以て事に従はず所謂車の油を得、機関の火力を得たるもの、其進展の度も頗る著しかるべく、彼我の鴻益たる深く信じて疑はざる所である。聯か一言を題して其巻首を汚すと云而。

大正三年夏六月　　伯爵　大木遠吉識

序を著している大木遠吉は明治四年（一八七一）に東京で生まれ、大正十五年（一九二六）に没している。明治四十一年（一九〇八）に貴族院議員となり政界入り。研究会に属していたが、早くから立憲政友会とむすんでおり、原内閣で司法大臣に就任し初入閣。続く高橋内閣でも留任した。その後、加藤友三郎内閣で鉄道大臣として再入閣を果たしている。大正五年（一九一六）日本工業大学顧問に就任。仁義に厚い国粋主義者として人望を集め、大東文化協会や帝国公道会の設立に深く関与し、大東文化協会初代会頭、帝国公道会第二代会長を歴任した。立憲政友会と政友本党の再統一の仲介役にあたったが、志半ばで死去。大木はアジア問題にも関心をもち、同交会や国民外交同盟会に関係していて、南米移民に推進派の立場をとっていたことから序を記したのであろう。

次に、増田天洲が南米語自在の成るに臨みて、と題して短歌を五首読んでいる。そのうちの一首をここにあげる。

月清み涼しかりけり　アマゾンの河風そよぐ　椰子の樹の蔭

附言をみると、先に刊行した『四国対照南洋語自在』の姉妹篇であり、近時南洋熱とともに南米熱も盛んになるにつれ、時代の急用から南米語自在を編んだとある。書籍の借覧は文学博士狩野亨吉に預かった旨が記されている。狩野は慶応元年（一八六五）、現在の秋田県大館市に生まれ東京帝国大を卒業して、京都帝国大学文科大学初代学長を務めている。明治四十年に京都帝国大学を辞職して東京に戻っていることから、編者は膨大な貴重な書籍を所有していた狩野から借用したのであろう。狩野の蔵書は明治末から大正初期にかけて十万点以上の貴重な蔵書は売却されて、その多くは東北帝国大学に狩野文庫として所蔵されている。編述者自ら校正を行ったことも読み取れるが、この編者は誰であるか不明である。大正初期には、すでに明治三十年四月東京に高等商業学校附属外国語学校が設立されてから十数年が経ち、スペイン語に熟知した者が世に出ていたことから、こうした人物が編集に当たったと推測される。スペイン語界の重鎮永田寛定は明治四十年四月に東京外国語学校西班牙語科に入学しているので、あるいは永田あたりの関係者が編集に携わったかもしれない。

さて、目次を列挙すると次のようである。

緒言、第一章西班牙いろは（アルファベット）、第二章葡萄牙いろは（アルファベット）、第三章基数、第四章順序数、第五章時、第六章宇宙、第七章山海、第八使用金石、第九章植物、第十章動物、第十一章人倫、第十二章身体、第十三章飲食物、第十四章家具、第十五章衣服、第十六章洗濯品、第十七章色、第十八章職業、第十九章商業、第二十章旅行に関する語、第二十一章関係代名詞、第二十二章会話における人称の用語、第二十三章人称に対する動詞の働き方（其一）、第二十四章人称に対する動詞の働き方（其二）、第二十五章副詞、第二十六章国語、

第二十七章日常語（其一）、第二十八章日常語（其二）、第二十九章天候、第三十章時に就いて、第三十一章尋ね事、第三十二章訪問、第三十三章安否に就いて、第三十四章喫茶の時、第三十五章朝餉の時、第三十六章昼餐の時、第三十七章夕暮時、第三十八章汽車の旅行、第三十九章汽船の旅行、第四十章到着、第四十一章旅宿、第四十二章馬車に就いて、第四十三章車輪に関する用語、第四十四章郵便局にて、第四十五章両換に就いて、第四十六章市中にて、第四十七章商店にて、第四十八章靴に就いて、第四十九章洗物に就いて、第五十章掲示注意、第五十一章感動語、第五十二章西班牙語の主たる不規則動詞、第五十三章新聞に就いて、第五十四章病院に就いて、第五十五章花園に就いて、第五十六章農園に関する命令語、第五十七章珈琲採集に就いて、第五十八章珈琲の作業、第五十九章伊太利数詞の一（基数）、第六十章伊太利数詞の二（序数及び順序数）、第六十一章伊太利集合数詞、第六十二章月名及週名等、第六十三章亜米利加諸国通貨、第六十四章亜米利加諸国度量衡

目次の前に、編述者による附言があるので掻い摘んで記すと次のように見える。近来、南洋語と共に南米語も盛んになるにつれ、時代の急要により同書を刊行した。南洋語自在の姉妹篇である。短期間で執筆したため至らぬ所も多いが、不完全ながらも時代の要請を満たすことを得れば幸と思う、とある。

次に、緒言をみると、中南米の国々は嘗てスペインとポルトガルの領地であり、その国の国

語が存続していることから、両言語を習得することを奨めている。日本語の中にも金平糖、メリヤス、カネキン、ボタンなどが残っていることをあげている。ペルーはスペインに征服される以前、インカ帝国を形成した国でケチュア語が使われているが、広くスペイン語が使用されているという情報を与えている。一般に中南米諸国はスペイン語が使われているので、この地域で貿易、移民、起業なり、その他の計画に関係する欧米列国はスペイン語の習得を奨励しているとある。ポルトガル語は南米の中でブラジルにのみ使われていると説明している。さらに、外国語習得とともに決して日本語を忘れないことであると記している。その模範として高峰讓吉博士は母国語を忘れないように、時々、日本へ帰国するとのことであるが、常に本国との通信を絶たず新聞なり雑誌なりを取り寄せて日本語に親しみ進んで異国人にも伝習させてほしいとある。これは互いに利便でもあり、また興味を感ずるものであって知識の交換と親和の媒介となると記している。日本語を通しての国際交流をも推奨している。

そして西班牙語の発音に就いては、Gg グ、Hh アッシェ、Jj ジョタ、Zz ゼタ、Ññ エンのように誤りがある。さらに冠詞に就いて若干触れているが、定冠詞と不定冠詞の使用が説明されてないので不備である。第一章から第二十五章までは単語である。例えば El almuerzo, el desayuno, o almço 朝餉、朝飯、朝食のようである。第二十六章から第五十八章まで短文の会話練習である。スペイン語と日本語とポルトガル語そして英語の順に併記され原語にはカタカナで読み方が記されている。例えば、スペイン語 Buenos dias　ブーエン、オースヂーアス。

ポルトガル語Bons dias ボーンズーヂ、ウズのようである。自動車の項目にロンドン自動車クラブ会員、また両替の項目でイギリスの貨幣ポンドを両替えするなどの例文から、もとはイギリスで発行された英語・スペイン語・ポルトガル語の三か国語会話に日本語を加えて、四ヶ国語会話として再編し刊行されたものであろう。二四七頁にV. tiene mucha calpa（誤記）「物をいふにも程がある」、という見事な訳もある。第五十三章から第五十六章に日班対照とあるが、日西ではなく日班は見慣れない表記である。明治三十一年に片桐安吉が著した『日本西班会話編』という書があることから、これに倣ったかも知れない。第五十七章は珈琲採集に就いてであり、ブラジルに移民する日本人のためにとくに日葡対照で会話練習の短文がある。また、数詞はアルゼンチンのイタリア人移民を念頭においてかイタリア語も記されている。

明治三十年（一八九七）メキシコ移民の後、明治三十二年（一八九九）に七九〇人の男子だけの日本人移民がペルーに到着してから南米への移民・移住は始まり多くの日本人が世界へ旅立った。当然のことながらスペイン語とポルトガル語の取得も必須のものとなり、そのために急遽会話集が編纂されることになり、東京外国語学校でこの言語を修めた者たちのなかから日西また日葡の会話集が編まれることになったわけであろう。

ここであげた『四国対照南米語自在』は、そのような時代の潮流から東京で生まれた産物であり、再版が大阪でなされている。編纂した海外雄飛会については詳しいことは解らないが、当時『海外渡航の鍵』や『海外渡航案内』などの移民の手引書を出版しているように、移民向けに会話集を発行したものと思われる。東洋移民会社社長兼ブラジル拓殖会社専務取締役の川田魔も序を寄せていることから移民会社とも関係があったと推察される。本書は誤謬が多々見受けられるが、何れにしても短期間で日本語・スペイン語そしてポルトガル語、さらに英語を加えた四か国語会話書を上梓した海外雄飛会の弛まぬ努力は評価されるべきものである。

〈追記〉日本力行会《りっこう》について

海外雄飛会のことを調べていたら、大正五年（一九一六）七月に永田稠《しげし》編になる『新渡航法』四〇八頁（附録七二頁、英語・西班牙語、馬来語会話篇）が日本力行会から発行されていることがわかった。この書を発行した日本力行会は明治三十年に創立された海外移住を指導する機関で現在も存続して、東京都練馬区に学校法人日本力行会として活動している。この他に、『南方新渡航法』、『南米新渡航法』などの移住関係資料を大正から昭和戦前戦後にかけて発行している。昭和八年三月発行『植民』（日伯協会）の広告に日本力行会海外学校生徒募集があった。普通科五十名一ヶ年終了、別科五十名六ヶ月終了で西語、葡語、支那語を学び、所在地は東京市板橋区小竹町とある。

『新渡航法』の編者の永田は、大正五年当時日本力行会長兼日本植民協会（会頭大隈重信）横

浜移民講習所長の任にあった。日本力行会は東京市小石川区林町にあり、横浜移民講習所は東京から移転して桜木町旧横浜駅構内に設けられた。この書籍は横浜市住吉町の港栄社印刷所で印刷されて、海外渡航を目指す者に向けて横浜移民講習所で使用された。講習会は、欧米礼儀作法、衣服の着方、食事の仕方、洗面・入浴等の仕方、西洋料理、西洋洗濯法、英語、スペイン語、マレー語、海外諸国の実情、船中の注意、上陸の心得、植民地衛星、婦人生理、育児法・家事などの講座が無償で行われたようである。スペイン語を担当したのは、すでに『西班牙語会話篇』を明治三十八年に著している金沢一郎東京外国語学校教授であった。その内容は、主にメキシコ、チリ、アルゼンチンへの渡航に必要な会話を主体とした例文を自著から抜粋した実用スペイン語であったと窺える。『新渡航法』は、戦後の昭和二十九年まで版を重ねた。

さらに日本力行会は、東京市小石川区林町に大正四年「簡易移民学校」を設立して、外国語特別授業を開始している。開講語学は英語、スペイン語、フランス語、イタリア語、ポルトガル語、マレー語であり実用向けの会話を主とするベルリッツ式による授業をおこなった。教授主任は、東京外国語学校出身の仁平嵩《にへいたかし》があたった。スペイン語担当教授は、明治四十三年東京外国語学校を卒業した村岡玄であろうと思われる。それを裏付ける資料として、大正五年発行の『力行世界』に村岡玄が主催する「西班牙語学会」の案内が掲載されていて、村岡の著書『西班牙語会話文法』（大正三年刊）、『西班牙語独習』（大正七年刊）をあげて短期でスペイン語を上達できる独特の方法を謳っている。

その後、大正十二年日本力行会海外学校が開校。海外移住の学習書『海外移住講義録』シリーズが刊行された。外国語については、「葡萄牙語」、「西班牙語」、「馬来語」の冊子がある。ポルトガル語の講義録は、法学士菊池恵次郎述とあり脱稿した日を示す一九二五年三月九日リオ・デ・ジャネイロと記されている。

スペイン語については記述者の名前がないので断定はできないが、参考書目をみると金沢一郎、村岡玄、酒井市郎の著書と英語で書かれたスペイン語学習書があげられているので、これらの書を参考にして編集されたものと考えられる。興味深い点をあげると、叙法については、直接法・条件法・接続法があげられているが、時制については現在とか過去とか未来という呼称はなく、日本語で「買う」、「買った」、「買っていた」、「買いましょう」という説明でそれぞれの活用形が記されている。移民するものにとっては、難しい文法用語など必要ではなく、会話練習を中心とした例文で充分であったのであろうと思われる。発音からはじまり接続法までの全二十九課で構成されていて、会話練習の練習問題もある一二〇頁からなるテキストであった。普通科一ヶ年、別科六ヶ月で海外学校の外国語の授業が大正十二年から昭和戦前戦後まで行われたようである。

日本力行会の簡易移民学校、横浜移民講習所、海外学校における外国語学習についての詳細はさらなる資料調査が必要である。今回の訪問調査（平成二十九年二月）で、学校法人日本力行会中島、田中の両氏お世話になったことを記しておく。

第二章　スペイン語通信教育講座事始・酒井市郎

海外社から発行された『西班牙語講習録』は、わが国初のスペイン語通信教育のテキストであろう。本章は、このテキストと著者酒井市郎をめぐり大正期におけるスペイン語図書の出版状況について考察してみたい。

一　『西班牙語講習録』について

右肩に黒インクの染みたこの講習録は、縦一九cm×横一三cmの小冊子で東京の高円寺にある西部古書会館の即売会で入手したものであり、第一号から第六号の六冊揃いで各号三二頁、合計一九四頁である。表紙には東京麴町区麴町五丁目十三番地、海外社発行と記されているが、著者も発行年月日もどこにも記されていない。この冊子を出展した古書店主は、恐らく大正時代のものであろうと推定されていたが、確証はない。

先ずは、第一号の「はしがき」から見てみることにしよう。

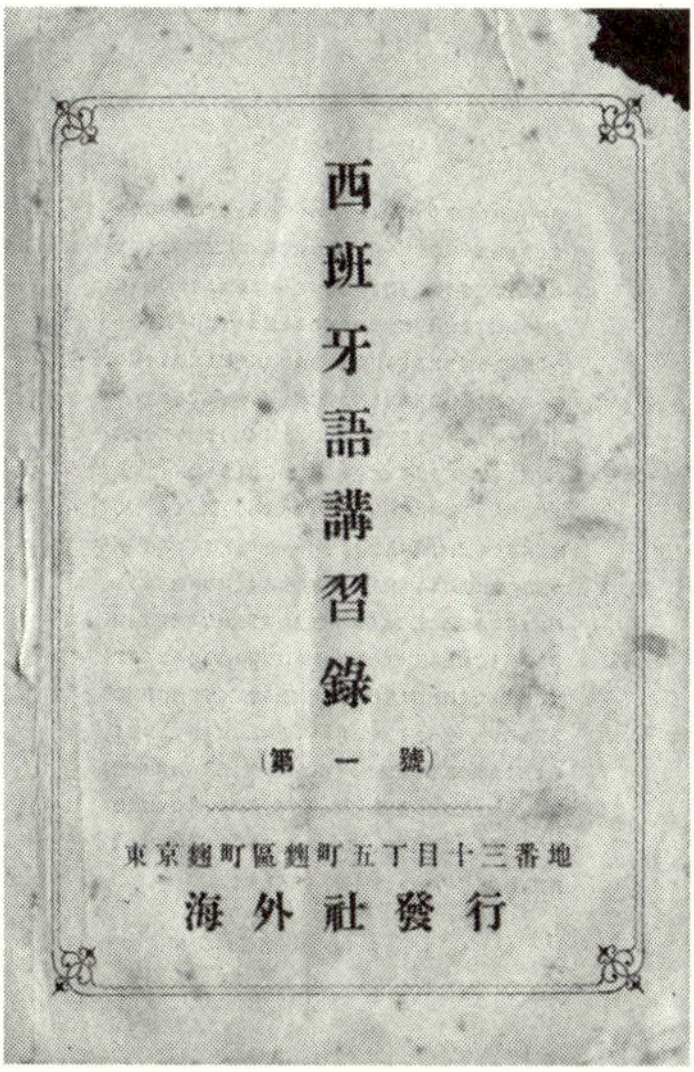

一外国語を修得するは容易の業にあらず然れども其の習学の方法宜しきを得ば差程の困難を感ぜずして或る程度に迄進歩するものであります、語学も他の学問と同じく或る一つの原則より他の種々なる形を誘出するが語学研究の秘訣であると思います故に一語学の一つの原則を会得したときは之れを自由自在に応用して最も小数の語を以て最も多数の用を足し得る様に研究する必要であります、今日何れの外国語にせよ日常会話に用ひる語数は余り多数を要せず此の日用語を精確に会得して有らゆる言葉の言表し方を学習するが最も当を得たると同時に経済的な語学研究法であると思ひます、若し応用に重きを置かず徒に暗記によりて一々会話を修得するのは一生を語学研究に委ぬるとも完全に一外国語を習得するは不可能であると思ひます、本講義に於て専ら応用に重きを置き複雑なる説明は一切省き、最も必要なる文法上の原則の如きは肝要の事項のみなるを以て、幾度となく繰り返し熟読含味すれば知らず識らずの内に西語の性質を悟り次へ次へと了解が出来ます、本講義は小冊子とは雖も成る可く多数の語学の原則は一切載せ置くを以て熟達

の如何は読者諸君が勉強と運用及応用如何によります、本講義録に於て特に簡単を旨とし初めは単に名詞、形容詞、動詞等を説明して如何にして西班牙語の文章が出来るか例を引きて説明します。著者識るす

このように、外国語の学習方法は暗記ではなく応用に重点をおく著者の考えが窺える。次に内容について第一号から第六号まで見出し項目をあげてみる。

第一号

第一編　発音法 西班牙語いろは 発音法 発音の例 発音法と語勢

文章の組立 名詞 名詞単語集 形容詞 形容詞単語集 代名詞 代名詞単語集

動詞 Tener の直接法現在 練習問題

Ⅰ第一変化規則動詞の直接法現在変化・Amar 動詞単語集 Ⅱ第二変化規則動詞の直接法現在変化 Comer 第二変化規則動詞の直接法現在変化

Ⅲ第三変化規則動詞の直接法現在変化 Vivir 第三変化の規則動詞集

単語集・宇宙と自然現象 年月日 月之名 一週の名 四季の名　家族の名

家具の名 食器の名 食事及食料品　服装及粧飾品 都会に就て旅行に就て

質問用紙

第二号

第二編　本論

名詞　名詞の性　中性名詞　名詞の数　名詞の格　名詞の代りをなすもの

練習問題（固有名詞）

冠詞　冠詞と名詞との関係　定冠詞　定冠詞の変化　単数　複数　不定冠詞

単数　複数　定冠詞を用ふる場合

形容詞　形容詞の性と数　男性形容詞より女性形容詞を作る法　形容詞の種類

Ⅰ性質を表す形容詞　Ⅱ　物質形容詞　Ⅲ　固有形容詞　Ⅳ　動詞より転化した形容詞

Ⅴ　数量形容詞　Ⅵ　数形容詞　基数　序数　序数の用法　Ⅶ　指示形容詞　単数　複数・

疑問形容詞　質問用紙

第三号

形容詞の比較級　無比較級　最上級　無較級　比較級　最上級　形容詞の用法

練習問題

代名詞　代名詞の種類　Ⅰ人称代名詞　人称代名詞が文章の主格と成る場合

用法の例　代名詞の変化　一人称　二人称　三人称　女性　Usted（貴方）

Se または Si 用法の例　与格の用法　対格の用法　所有代名詞　男性単数

女性単数　複数　所有代名詞の用法　関係代名詞　重なる関係代名詞　疑問代名詞

第四号

不定代名詞　不定形容詞の用法の例 代名詞として用ひられた例 指示代名詞

単数 複数　用法の例 練習問題　質問用紙

練習問題詞のつづき 働詞 働詞の種類 他働詞 自働詞 助働詞 規則働詞

不規則働詞 再帰働詞 相互働詞 非人称働詞 不具働詞

働詞の変化 働詞の法 不定法 直接法　接続法 命令法 働詞と人称

働詞と数 働詞と時 1現在 2半過去 3完全過去 4大過去 5未来 6完全未来

第一変化 Amar 直接法現在 用法　半過去　用法 完全過去 第一の形 用法

第二の形　用法 未来 用法 完全未来 用法 命令法　現在

接続法 現在 用法　半過去 第一の形 第二の形 第三の形 用法 完全過去

大過去 第一の形 第二の形 第三の形 用法 未来 用法 完全過去 用法

不定法 現在 過去 現在分詞 用法 過去分詞 用法

第二変化 Comer 直接法 現在 半過去 完全過去1・2・3　大過去　未来

質問用紙

第五号

完全未来 命令法 接続法 現在 半過去（1）（2）（3）　大過去（1）（2）（3）

未来 完全過去 不定法

第六号

第三変化 Vivir 直接法 現在 半過去 完全過去（1）（2）（3）
大過去 未来 完全未来 命令法 接続法 現在 半過去（1）（2）（3）
完全過去　大過去（1）（2）（3）　未来 完全未来 不定法
助動詞としての Haber の変化 不規則動詞の変化 第一種類から第十二種類
例外　質問用紙
例外 動詞の受動 受動態の作法 受動動詞の変化 再帰動詞 相互動詞
不人称動詞 不具動詞 動詞の特別用法 Ser と Estar　動詞 gustar の用法
動詞 Haber と Hacer の用法　動詞 Tener の用法 動詞 Tener que,
Haber de の用法 動詞 Hallarse, Encontrarse, Quedarse の用法
副詞 副詞の種類 指摘副詞 疑問副詞 関係副詞 時の副詞 量程度の副詞
理由原因の副詞 肯定的の副詞　否定的の副詞 比較的の副詞 懐疑的副詞
前置詞 独立前置詞の例 非独立前置詞の例 独立前置詞　A の用法 Con の用法
Contra の用法 De の用法 Para の用法 Desde の用法　Sobre の用法 その他
接続詞 結合接続詞 対別接続詞 反対接続詞 条件接続詞 原因理由の接続詞
連続接続詞 比較接続詞　目的接続詞 推定の接続詞 間投詞　（終）

本講習会も本号を以つて終了とする、最初の予期に反して質問の数が少ない様に思ふ、会員諸君の奮励努力以つて初志を貫徹し西語の蘊奥を極められんことを希望す　本部の所定により以下に卒業試験問題を掲げ置くを以て出来得る限り精確なる回答をなし本会に郵送すべし合格者には望みにより本部規定の卒業証書を授与すべし（但し同証書下付料として金二十銭を要す）

試験問題

第一号第一編でスペイン語の大要を示し、第二号から詳細な文法事項の説明を施していることがわかる。最後に本会とあるのはどの様な会を示すのか不明である。海外移住者のために日本全国にいる会員組織によるスペイン語講習会と推定できるが、疑問が残るところである。

第一号の動詞単語集と第二変化規則動詞集には黒ペンで印が付されていて学習した形跡が見えるが、それ以外の号は学習の跡は見えない。各号の終わりに質問用紙があり、質問と同時に返信料三銭切手を添付する事とあるように通信教育であることが分かる。

文法用語について気がついた点をあげると、名詞の格という項目では、主格、属格、与格、対格、呼格、奪格（句格）の六種類の用法をあげて説明している。動詞の時制については、直接法半過去は現在のスペイン語文法で直説法線過去または不完了過去のことであり、完全過去第一の形・第二の形は、それぞれ点過去（完了過去）と現在完了に相当し、大過去は過去完了、完全未来は未来完了に相当する形である。接続法半過去第一の形・第二の形・第三の形は、接

続法過去 -ra 形・直説法過去未来・接続法 -se 形であり、接続法完全過去は現在完了、接続法大過去第一の形・第二の形・第三の形は、接続法過去完了 -ra 形・直説法過去未来完了・接続法過去完了 -se 形に該当する。さらに接続法完全未来は接続法未来完了に相当するものである。

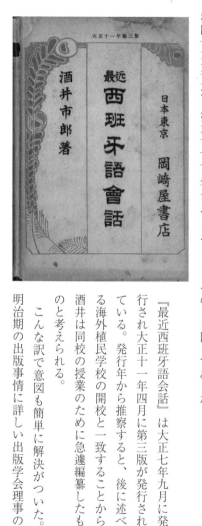

暫くしてから神田の古書街を散策中に酒井市郎著『最近西班牙語会話』（日本東京　岡崎屋書店）なる本を偶々手に入れ、書斎にもどりよくよく見ると先に入手した『西班牙語講習録』の一頁から九頁の発音法西班牙語いろは、と全く同じであり、『最近西班牙語会話』の一六三頁働詞の種類から二四二頁働詞 Hallarse, Encontrarse, Quedarse の用法は、『西班牙語講習録』第四号九九頁から第六号一七八頁までとそっくりそのまま同じであった。

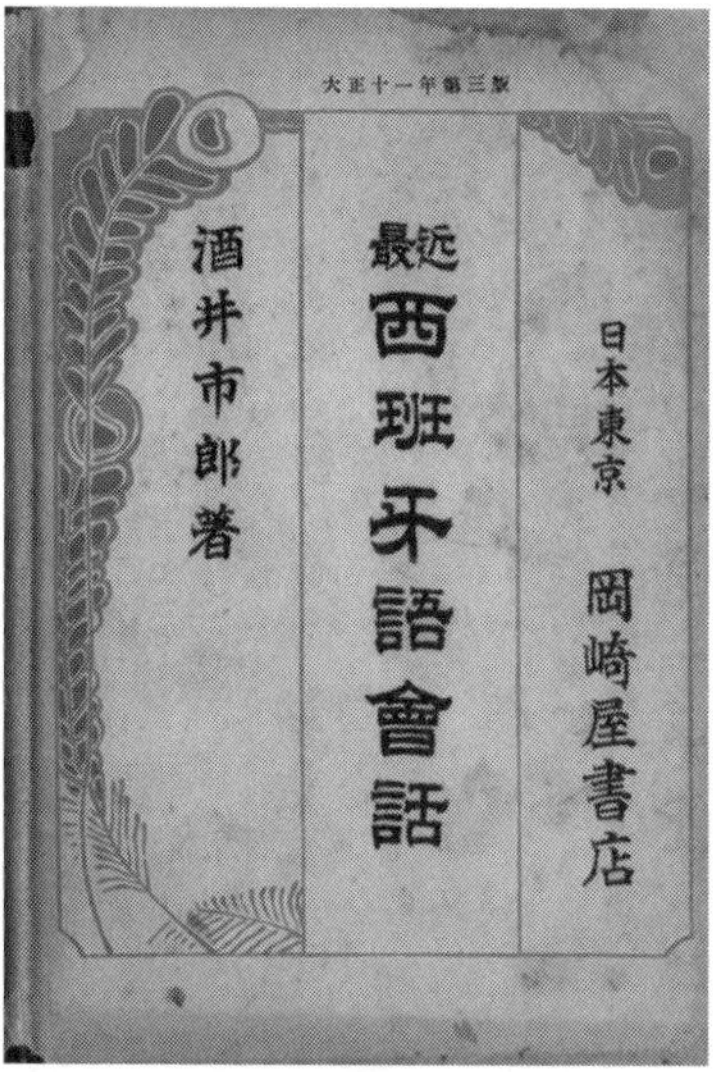

『最近西班牙語会話』は大正七年九月に発行され大正十一年四月に第三版が発行されている。発行年から推察すると、後に述べる海外植民学校の開校と一致することから酒井は同校の授業のために急遽編纂したものと考えられる。

こんな訳で意図も簡単に解決がついた。明治期の出版事情に詳しい出版学会理事の浅岡邦雄氏と神保町で会いそのことを尋ねると、凸版の原版に特殊加工をした紙を押圧し乾燥させて作った紙型が残されていて、それをそのまま利用したものだろうということである。

酒井はその後にも『植民』（日本植民通信社発行）という雑誌のなかで大正十三年七月号にスペイン語講座を開講し、八月号に「西班牙語手ほどき」を執筆しているが、その続きは通信教育の事情の問題で中断している。当時の通信教育のあり方については出版と教育さらには郵政事業の係わりから考察する必要がある。

二　岡崎屋書店のこと

明治末期から大正さらに昭和初期戦前にかけてスペイン語の図書を出版している岡崎屋書店について記してみる。明治二十九年頃には東京本郷六丁目にあり『四ケ国語会話集』を出版している。大正十一年当時は、代表者は山本鐐蔵、所在地は東京市神田区表神保町四番地である。現在のすずらん通り東京堂の近くにあったと思われる。その後、東京市神田区今川小路一丁目一番地に移転、関東大震災の影響で大正十四年には神田区中猿楽町十五に移転しているが、再び表神保町に戻り営業を続けている。

震災前の岡崎屋発行書目によると、山口造酒著『英吉利語独修』、山口造酒著『仏蘭西語独修』、山口造酒著『独逸語独修』、小柳津邦太著『露西亜語独修』、山田毅一著『伊太利語独修』、

岡崎屋書店編『西班牙語独修』、仁平嵩著『葡萄牙語独修』、佐竹美好著『羅田語独修』、三原好太郎著『支那語独修』、木全省吾著『馬来語独修』、加藤節著『エスペラント独修』の独修シリーズは何れも正価三十五銭であり、さらに松岡馨著『朝鮮語独修』、村田清平著『蒙古語独修』は三十銭。平岩道知著『日華会話全要』一円五十銭、酒井市郎著『最近西班牙語会話』一円八十銭、井上歌郎著『最新優良英和会話』六十銭、山口造酒著『実用英和書簡文』一円五十銭、元木貞雄著『英和日用文』一円二十銭。

このように各国語独修書は十二にも及ぶ外国語の独修本を出版していたことがわかる。これらは大正時代の東京外国語学校の英・仏・独・露・伊・西・葡・支那・蒙古・馬来・ヒンドスタニー語の十一外国語を越えるものである。小冊子であるが内容は充実していて一般読者向けに刊行されたもので、発行数累計五十万冊を超えたようである。また、土井晩翠の本や出羽海谷右衛門著による相撲図解の本なども発行している。

昭和十八年版の協同出版社編『現代出版文化人総覧』によると町名変更で神田区神保町一―十五となり、代表者は山本信夫とある。主要出版部門は辞書、語学書、教科書となっている。大正から昭和初期の『東京書籍商組合会員図書総目録』からスペイン語に関する出版図書だけをあげると次のような書籍がある。

岡崎屋書店編『西班牙語独修』一五一頁、明治四十年八月、三十五銭。酒井市郎著『最近西班牙語会話』二四二頁、大正七年九月、一円八十銭（大正八年十二月再版、大正十一年四月第三版、昭和十六年五月増補第八版発行、定価二円)。酒井市郎著『西班牙語第一読本　全』五十銭。酒井市郎著『西班牙語第二読本　全』五十銭。酒井市郎著『独習西班牙語リーダー　全』五十銭。酒井市郎著『独修西班牙語読本』定価一円十銭、酒井市郎著『連結式日西自由会話』定価七十銭、酒井市郎著『連結式ぶらじる語会話』定価五十銭、酒井市郎著『新訳　西和辞典』一円五十銭(大正五年十月に海外社から発行、大正十四年十二月改版から岡崎屋書店より発行され、大正十五年十二月再版、昭和二年七月三版、昭和三年七月四版、そして昭和七年六月五版は表題は『増補改訂 新訳西和辞典』となる。定価一円五十銭)。

ここで、太田兼四郎のことについて触れておきたい。太田は岡崎屋書店から四冊発行している。太田兼四郎著『西班牙語辞典』昭和十六年、定価三円五十銭。太田兼四郎編 *Nuevo Libro de Lectura*, 定価一円。太田は大正末期に東京外国語学校選科を中退するも、海外植民学校は卒業してアルゼンチンに昭和六年六月に渡り邦字新聞の発刊に携わり、帰国後、海外植民学校でスペイン語や中南米事情を講義した。すでに昭和十二年には『西班牙語広文典』(二円六十銭)をアルテミオ・リカルテ氏校閲序により刊行している。校閲者のリカルテ氏とは、哀れな末路を遂げたフイリッピン独立革命の志士リカルテ将軍のことで、太田氏は最後までリカルテ将軍と行動を共にした奇特な人であった。戦後になり、昭和二十九年四月に日本アルゼンチン協会常務理事として、上智大学において「アルゼンチン国は日本移民を受入れるか」と題する講演を行っている。その後小冊子が刊行され、書籍広告に岡崎屋書店の予告が掲載され、そこに

「西班牙語辞典」の再版のことが知らされているが刊行されなかったようだ。昭和三十三年には岡崎屋書店より『中南米常用スペイン語会話』一九八頁を刊行している。昭和四十七年一月に出版された遺著『鬼哭』は太田氏の異色の生きざまを物語っている。この書については、太田氏の元勤務先である司商事フェルトの島田氏からいろいろな話を伺い、また昭和六十年代初めに太田夫人の敏子様から兼四郎氏とスペイン語のことなど昭和戦前戦後のことなどを伺った。

ところで、明治三十二年二月に門部書店（東京神田区南神保町一七番地）より『西和会話編』（六二頁）を著した岡崎隆一という人物は岡崎屋書店と関係があるのだろうか、と筆者はかつて記したことがあったが、どうも関係はないようだ。岡崎は石川県出身で明治三十二年には東京外国語学校西語別科二年生であった。奥付には東京神田区小川町四十一番地寄留とある。

三　酒井市郎と海外植民学校のこと

明治末期から昭和十五年頃にいたる時代は日本人の海外移住史において移民高潮期と呼ばれ、アジアの大陸、南洋諸島そして中南米に海外雄飛を目指した時期であった。明治から昭和十六年までの日本人移住者について『海外移住統計』国際協力事業団（一九八七）によると、中南米諸国への移住者数は二四万四九四六人でブラジル、ペルー、メキシコ、アルゼンチンなどの順になっている。

海外植民学校大正末期、前列右から五番目中央が崎山、崎山の右後ろが酒井市郎
（木村孝氏提供）

こうした時期にスペイン語の本を数多く著し、辞書も編纂した酒井市郎は大正二年に東京外国語学校西班牙語科を卒業し、大正六年に東京府荏原郡世田谷村に設立された私立海外植民学校でスペイン語を教えることになった。海外植民学校は、全国から海外発展を志す青年を集め、世界知識の普及と実践教育を企画した学校であった。当時の駒場練兵場と東大農学部の地続きにあって広大な農地に牧場や菜園などを経営して英語のほかスペイン語もあった。浜口雄幸、富田幸次郎、渋沢栄一、森村市左衛門（ノリタケ陶磁器社長）、団琢磨、根本正らが設立評議員として名を連ねた。開校時には永井柳太郎が講師として植民学を講じた。

役員の根本は、大正七年海外植民学校開校当時は衆議院議員であり、中南米移民の推進者として知られていた。また、榎本武揚が創設した殖民協会の幹事であった根本は、榎本の移民政策に強い関心を有していた。明治二十六年、当時の外務大臣榎本の意向が強く反映して複命により明治二十七年七月から明治二十八年三月にかけてメキシコ、ブラジル、中米、印度に海外視察を行い、その報告書は外務省通商局から探検復命書として刊行されている。

植民学校において期待されていたのはスペイン語の実用会話である。昭和十一年改正学則から見ると授業内容は、終身・礼法聖書、農業、植民学、植民地理歴史、海外事情、裁縫、料理、洗濯、実習、衛生音楽の科目があった。正科では第一学年と第二学年のスペイン語は週十五時間あったことがわかる。発音・訳読・書取・習字・会話・文法の授業内容である。南米科の第一学年も同様に十五時間あった。生徒定員は正科六十名、南米科、南洋科、東亜科が各三十名であったが、どの程度の生徒がいたか現在のところ明確な数は把握できてないが、昭和九年には正科十七名、専攻科十名、女子部五名という資料がある。海外植民学校が発行していた『植民』から判断すると、正科と南米科併せて三十名くらいの学生がスペイン語を毎週十五時間も勉強しているのは並々ならぬカリキュラムであったと推測される。スペイン語を専門とする東京外国語学校では、当時週三十時間であった。永江勝郎（南洋貿易勤務）という方が、海外植民学校でスペイン語を習ったという回想録がある。大正十年、植民学校を卒業して南米への渡航先はブラジル二十三名、ペルー十三名、アルゼンチン五名、メキシコ二名、コロンビア一名である。

東京外国語学校西班牙語科を大正五年三月に卒業した佐藤久平（大正七年四月に葡萄牙語科に編入）は、校長の崎山比佐衛から招待を受けて大正七年に世田谷の海外植民学校創立祝賀会が同校の講堂で挙行された時に、同学の笠井鎮夫と馬場藤吉と出席した思い出が笠井のメモに残されている。祝賀会は盛大なものであったようだ。当時の財界の第一人者渋沢栄一翁や、その頃はまだ少壮政治家としてよりむしろ雄弁家として名声を馳せていた永井柳太郎氏などの式辞を親しく拝聴したのはその祝賀会の席上においてであった。

大正六年に佐藤は崎山に招かれてスペイン語の講師になった。佐藤は大正七年の前期のみ勤め神戸高等商業学校に転出した。佐藤が海外植民学校でスペイン語を教えたのは短い機関であった。東京外国語学校に編入してポルトガル語も修めたので、海外植民学校でスペイン語のほかにポルトガル語も教えたのではないかと想像される。

そして、大正九年の植民学校教員名にスペイン語教師は酒井市郎、ホセ・ムニョス（大正六年来日、東京外国語学校外国人教師）、松平潔の名前が見える。崎山と親交のあった佐藤は大正七年前期のみ担当し神戸高等商業学校に転任したため、後任にムニョスと松平が就いた。松平の名前は東京外国語学校西班牙語科卒業名簿速成科の大正五年三月に見つけることができる。本科を卒業した佐藤久平と同じ年に卒業していることから、同僚を海外植民学校に推薦したのであろう。

その後、昭和になり太田がアルゼンチンから帰国すると母校の教員となり、フィリピン人

亡命中奉職した海外植民学校にて学生と記念写真

写真は、太田兼四郎『鬼哭』より転載。一列目中央に太田と、右にリカルテが並んでいる。太田の隣が崎山校長、そして酒井市郎。

のアルテミオ・リカルテ（日本名は南彦介）が加わり、酒井、太田、リカルテの三名が教授陣を務めた。リカルテは英語も教えたようである。スペイン語が会話教育主体となる語学教育を求めていたことは、酒井が著した数々の教科書からも推察できる。昭和九年の講義科目からあげると、酒井市郎は西班牙語と経済を担当、アルテミオ・リカルテは西班牙語、太田兼四郎は西班牙語と植民地理と歴史、児玉甚右衛門は葡萄牙語を担当している。

この学校の教育方針は将来世界各国人の中に伍して世界に発展しなければならないということ

校旗（木村孝氏提供）

で、禁酒、禁煙はもちろん、全てミッションスクール的な教育であった。したがって教師の大部分はクリスチャンであった。大正十三年頃の『植民』には神戸キリスト教青年会（ＹＭＣＡ）合宿所の記事が掲載されている。大阪ＹＭＣＡでは昭和九年海外協会が設立され本格的に海外移民運動が進められるようになり、また、神戸ＹＭＣＡでも青年会商業学校が開校して英語のほかにスペイン語も教えられた。

校長は土佐出身の崎山比佐衛という人物で、後年自ら学生を率いてアマゾン未開地の前線に立った冒険談を『アマゾンの流れを下りて』と題して日本植民通信社から発売している。その後、崎山はブラジルにてマラリアで病没した。太田氏の遺著から崎山という人物を探ると、大酒飲みの伜に育ったが熱心なクリスチャンであったようだ。崎山は後藤新平と親交があった関係からリカルテ将軍の日本亡命中、大正十年から昭和十六年まで植民学校においてリカルテ氏をスペイン語教師として迎えた。リカルテ氏は元来教育者であり、スペイン語にも堪能な学者であったので彼を講師に迎えようとした学校もあったが亡命中の人間であるから官立の学校に奉職するには問題があったのであろう。大正五年に東京外国語学校を卒業した佐藤久平は、大正七年前期のみスペイン語を教えていた。このような事実から『西班牙語講習録』は少なくとも大正三年から大正六年に海外社で発行されたものであろう。海外社は地誌と語学書の出版社で、大正五年には『海外発展虎の巻』二六二頁を刊行している。社屋は麴町から昭和十年代に板橋区下石神井二―一三三七に移り代表者は神田正雄であった。海外社は、その後、再度移転して東京市外落合町文化村に発行所があった。神田は、『謎の隣邦』や『動き行く台湾』などの研究書を著している。

その酒井が著したスペイン語関係の本は、次のようなものがある。

『独習西班牙語リーダー』（大正四年三月・海外社）、『連結式日西自由会話』（九一頁・大正六年九月・海外社）。会話集は頁数を一八七として、昭和二年一月に岡崎屋書店より発行され昭和三年三月再版、昭和五年七月に三版が発行されている。『独習西班牙語講義』第一巻・一九四頁、大正七年三月、日本植民通信社発売、海外社発行。この書籍は先に『西班牙語講習録』として海外社から発行されたものを表題だけ変えて再び出版されたものであろう。頁数も一致し紙型を再度利用したものと思われる。さらに『西班牙語手ほどき』第一巻と名を変えているが、表題には『独習西班牙語講義』とあり大正十五年五月海外植民学校から発行されている。その後、更に『新編西班牙語独習』となったようだ。

偶々、私が入手した『独修ブラジル語全解』（昭和三年・日本植民通信社編）に侯爵徳川頼貞寄贈とスタンプが押されている。徳川侯とブラジルの関係を調べると、侯爵は昭和十二年から十八年にかけて日伯中央協会長を務めている。同書の広告に「学べ南米語！最高権威の学習書と辞典」とあり、日本植民学校講師酒井市郎著の『独修西班牙語講義第一巻』が次のように紹介されている。今日迄数年間同本社の西班牙語講習会教材として採用し数百の講習生諸君から多大の好評を得たもの、同時に独習書として理想的な良書です、とある。

続いて酒井の著作をあげると、『最近西班牙語会話』大正七年九月、再版大正八年十一月、第三版大正十一年四月、改版大正十五年、第七版昭和五年、岡崎屋書店発行定価二円。『独習西班牙語』大正八年・海外社、後に『独習西班牙語リーダー全』五十銭、昭和五年六月に岡崎屋書店発行となる。『西班牙語第一読本　全』五十銭　岡崎屋書店発行、スペイン語の表題は Sakai *Primer Libro de Lectura,* Tokyo 1918　pp.56.『西班牙語第二読本　全』五十銭、岡崎屋書店発行、一九二〇、六〇頁。これら二冊の読本は第一読本が大正七年に、そして第二読本が大正九年に何れも十二刷ということから学校で教科書として使っていたものであろう。『速修西班牙語文法』二〇〇頁・大正七年・日本植民通信社発売、海外社発行。その後に岡崎屋書店発行となり、改版昭和二年十一月五日、五版昭和二年十一月八日、六版昭和五年九月十五日発行定価一円五十銭。

酒井の辞書については、『新訳西和辞典』（定価一円、本文二九七頁）大正五年・海外社、第

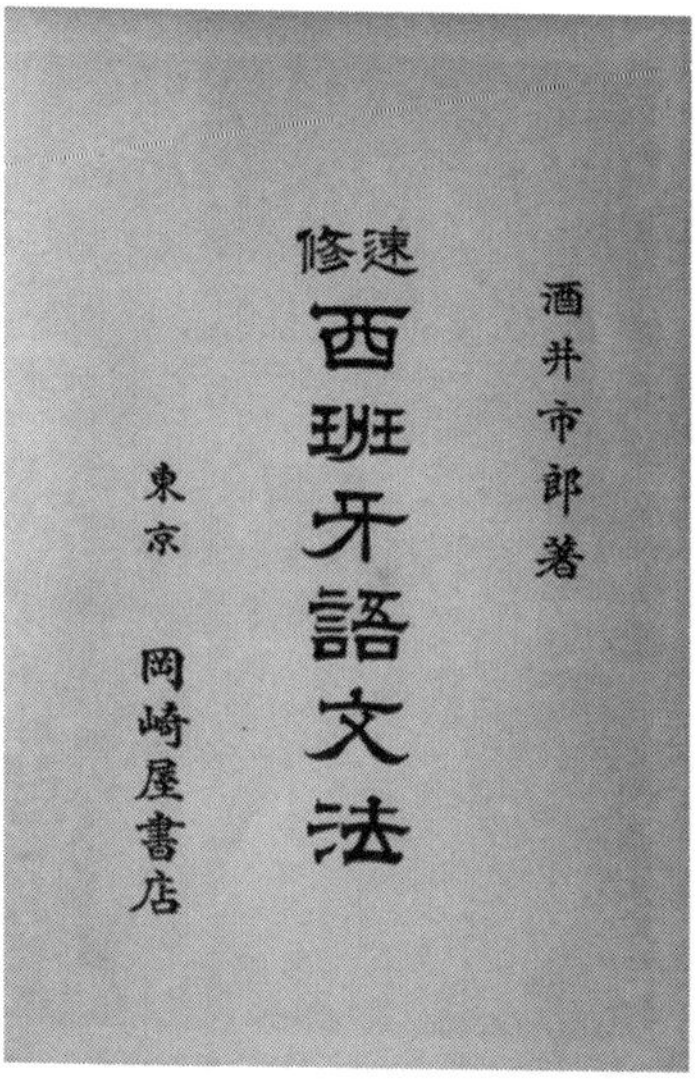

三版大正七年。『増補改訂新訳西和辞典』三〇七頁・岡崎屋書店、改版大正十四年十二月、再版大正十五年十二月、三版昭和二年七月、四版昭和三年七月、第五版昭和七年六月発行定価一円五十銭、である。

この他に、『連結式日西自由会話』一八七頁、岡崎屋書店昭和二年発行、三版昭和五年七月発行定価七十銭。『連結式ぶらじる語会話』五十銭、がある。

近刊予告に「西語作文書」があげられているが、発行されなかったようだ。酒井はこのように多くのスペイン語の学習書を著したが、その思想は『最近西班牙語会話』の緒言に窺うことができる。

西班牙語は今や世界の植民語として欠くべかざる語となったと同時に又商業

語として痛切に其の必要を感せらるるに至つた、之れ世界の原料大宝庫たる中南米墨西哥、南洋の現行語であるからである、我が国に於ても近来斯語の研究者頓に増加し来たつた、然れども其の研究たる他の英語、独逸語等に比すればまだ揺籃時代にあるを免れない、此処に於て著者は専心之が研究法に留意し日本の高潮的植民世論に対向すべき即時的西班牙語の実用に充てんと曩に連結式日西自由会話を刊行し多大の好評を得た、之れ比較的難解の西班牙語を即時に多数渡航者に其の実用を易からしむるを得たからである、本書も即ち此の最新式の連結式法に則り会話の各部門に必要なりと思はるる単語を先ず初めに掲げて自由に会話部に取つて応用の出来る様に編纂してある、又巻末には働詞に関する説明を成可く容易に何人とも働詞活用の法則を了解出来得る様にしてあるから会話中不明又其変化の道筋に疑念あるものには巻末の働詞の部を参照して修学すれば自修者と雖も短日月の中に意外の進歩を見且つ実用に供える事自由なることを疑がはざるなり。

大正七年九月二十三日　於岡崎屋書店　酒井祥州　識す

酒井はこのほかに、大正六年『大和撫子』海外社（二三五頁）を著している。帯には日本青年時雄の南米旅行のローマンス、興味津々たる好読物なり、希望に燃ゆる青年は一読する、とある。一時期アルゼンチンに滞在して大和なでしこのペンネームで、大正十三年『植民』に「亜国女性の恋愛結婚観」（四月）、「アルゼンチンの女性と結婚」（五月）、「亜国女性と邦人の結婚は可能か」（六月）、「日本青年の結婚」（七月）を連載している。

偶々、海外植民学校のことを検索していると、木村孝という方が酒井の短冊を入手した記事が目にとまったので、ここに引用させていただく。

海老沢兄の卒業を祝して　南米に移し植えなん山桜　花ぞ咲かまし愛と満古と乃

辛巳　昭十六　祥州

短冊の上部には海外植民学校の校章が印刷されていて、作者の祥州は酒井市郎の雅号であり、昭和十六年に卒業した海老沢氏に贈られた短歌一首である。酒井はスペイン語講師として植民学校で教鞭をとりながら学校の維持についても貢献した。学校閉校後はどのような人生を歩んだのか詳らかではない。ところが、木村氏が最近になり調査したところ昭和十六年に拓殖大学教授に就任したことがわかった。また、昭和三十七年に発行された海外植民学校校友会誌『植

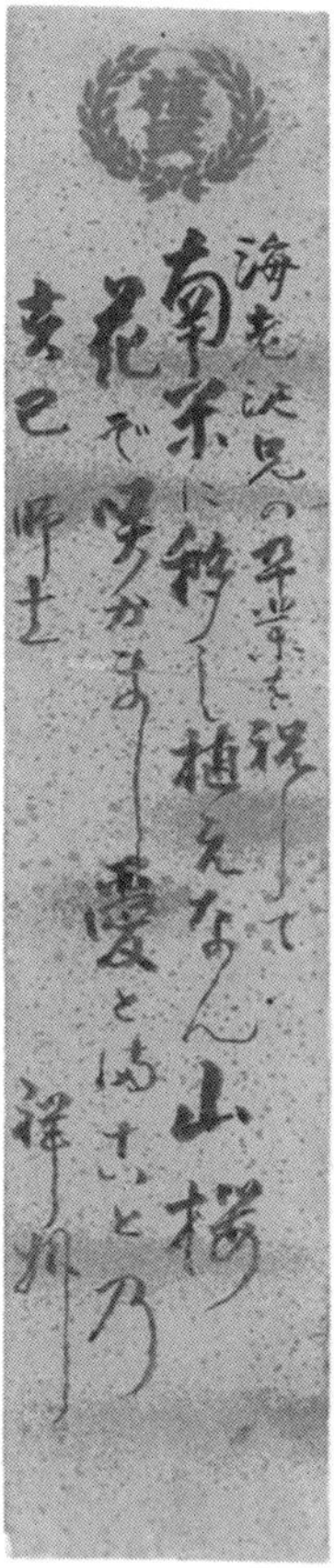

民』第六号に酒井の写真が掲載されている。

四　酒井の辞書

大正五年十月六日に海外社から酒井祥州著『新訳西和辞典』本文二九二頁、定価一円が発行された。判型は縦一九㎝×横九㎝。約六五〇〇語が収録されている。

この辞書は第三版が大正七年に、そして大十四年十二月に改版（三〇七頁）、昭和七年六月に増補改版第五版が岡崎屋書店から出されている。表題に「新訳」とあるように、恐らく西英小辞典を翻訳して出版したものであろう。それを裏付けるに、村岡玄著『西和辞典』（昭和二年発行）に関する広告宣伝が、同じ著者による『西和熟語慣用句辞典』（昭和四年一月発行）の奥付の裏頁に次のようにみえる。「本辞書は西英ボキヤボラリーの焼直しの類ではなく、スペイン語を必要とする日本人のために日本人が著したるもの（東京朝日新聞評）」とあり、西英ボキヤボラリーの焼直しとは暗に酒井の辞書を指しているのであろう。大正末期に東京外国語学校でスペイン語を学び昭和三年に卒業した中村謹二氏に生前筆者が伺ったところによると、まだ村岡玄の辞書が出版される以前には西英辞典や西西辞典のラルース小辞典を不便な思いをしながら使っていたとのことであった。

先ずは日本人の手で成った最初の西和辞典を見てみよう。序、西班牙語いろは（一頁）、発

音法（二〜七頁）、発音法と語勢（七〜八頁）、本書略字解（八頁）、A—Z（九〜三〇七頁）

序をみると、

「近来我が国に於いて西班牙語を研究するもの日に増加するに至れり、従って斯語の研究に関する書籍斬は其の数を増すに至りたるも、辞書に至りて全く其の数影だに現はさず著者も憤慨徒に日を空しうし居たるも今や看過するに忍びず満身の努力を鼓して本辞書を公にするに到れり」とあるように大見得をきった文であるが、それが当時のスタイルであろう。

さらに、収録語数については、

「本辞書たるや元より小冊子に過ぎず従って西語の言葉全部を網羅するは不可能事と雖も、其の編纂法たるや応用に最も重きを置きたるを以って読者は常に此の応用の二字に心を用い本書を活用せられなば意外の便利を感ぜらるるを信じて疑がはず」、さらに「名詞を中心に据えて、名詞から転化した形容詞・副詞で意味が似通っている語を省略する場合があるが、もし読者が必要とする語がない場合は、辞書を放棄しないで名詞よりその意味を定めることに努力するべし」とあるように甚だ勝手と言うか原始的な辞書である。

なおこの辞書には、東京外国語学校教授エスパダ氏がスペイン語の序文を付している。「私は日本語、特に書き言葉に無学ですので、本書の価値を評価することができませんが、日本のスペイン語科の学生諸君に祝辞を申し上げげたい。酒井市郎氏の労作に感謝して、学生諸君は今から、そして初めて他の辞書を介して引く煩わしい方法から開放されるであろう　東京　一九二五（筆者訳）」

このようにこれまで西和辞書がなかったことを窺わせる。エスパダ氏はスペイン人教師ゴンサーロ・ヒメネス・デ・ラ・エスパダが正式の名前で、明治四十年から大正五年まで東京外国語学校で教鞭をとった外国人教師で、当然、大正二年に卒業した酒井もエスパダ氏にスペイン語を習っている。また、エスパダ氏は新渡戸稲造著『武士道』のスペイン語訳を出している。

本文を見ると、ただ訳語を与えるだけで、例句・例文がない。辞書の性格が最も良く現れるのはグラマティカル・ワーズにおいてであるが、そこで代表的なものの一つである前置詞 De について見ると、De（前置）カラ、ノ、マデ、付テ。

専門用語が二語あげられている。Aballastar（他）海　鎖綱ヲ引ク。Abanderado（男）陸軍連隊旗、旗手。

文法用語として、Ablativo（男）文法　奪格、取リ去ル、取退ク。略字解に（非）は非人称動詞とあるが本文中に記述はなく、（不）不人称動詞として Llover（不人）雨ガ降ル、降雨ス。Lloviznar（不人）細雨ガ降ル、とある。

間投詞として、Chito! 静カニ！　ダマレ！　の一語が収録されている。

また、レアル・アカデミア・エスパニョーラの辞書にも見当たらない語　Abofellar（中）プット息ヲ吹ク、吹キ払フ、自慢ス、尊大ニ構フ、があり略字解に（中）の説明がないが、これは恐らく中世語であろう。ガリシア語に類似しているので、いくつかのガリシア語辞典を調べるとソテロ・ブランコ出版の『ガリシア語辞典』（一九九七）にはこの語が載っているが、自慢する、尊大に構える、に該当する意味だけである。

改版増補に当たっては、「大正十二年の大震災にて製版全部を烏有に帰し久しく絶版となりし処今回大増補をなし再び出版の機運に向へり」とあるように、新たに大正十四年十二月岡崎屋書店より改版が発行された。しかし改版は僅かに十頁増やしただけで、大増補とは名ばかりである。その後昭和七年六月までに第五版が発行されている。

大正期においてもスペイン語の学習書の刊行はそれほど多くなく、初歩的な内容のものであった。ただ日本人の手になる最初のスペイン語辞典が刊行されたことは、中南米に活路を求めて渡航した家族に対象を定めていたのであろう。何れにしても通信教育の先駆けとなり、単語集ではあるが辞書を著した酒井市郎の努力に敬意を表したい。

第三章 『和西新辞典』編纂者・金沢一郎

金沢一郎という名前をご存知だろうか。

日本におけるスペイン語学研究の先駆で、明治三十八年一月『西班牙語会話篇』を、また大正八年十月『和西新辞典』を著した人物である。

彼は、明治十一年十二月七日和歌山県田辺町に生まれ、明治二十九年滋賀県商業学校を卒業、さらに明治三十年東京私立商工中学校を卒業した。同年、開設されたばかり高等商業学校附属外国語学校西班牙語科の第一期生となり、明治三十三年七月六日には高等商業学校から独立した東京外国語学校西班牙語を卒業している。

青年時代には、杉浦重剛（一八五五―一九二四）の「称好塾」に学んだ。杉浦は近江国膳所藩出身で、明治九年二十二歳の時、文部省第二回留学生として化学修業のためイギリスに派遣された。オランダ語はもとよりフランス語、英語にも秀れ三年間にわたる化学研究によって西洋の科学的合理精神を体得した。その精神は、青年時代の金沢一郎にも影響を及ぼしたにちがいない。

明治三十年、金沢は南米の将来を洞察し、高等商業学校附属外国語学校の創立された時に西班牙語科に入学した。翌年米西戦争の結果、フィリッピンがアメリカに併合された。この時のことを、金沢は回顧録のなかで、次のように述べている。

「仮令比律賓が北米合衆国に併合されても国語の生命はそう急に喪はるもので無いといふ見解の下に、引続き学習することに決心いたしました」『金沢一郎先生胸像建設記念』昭和十二年。

明治三十三年七月東京外国語学校卒業後、外務省文書課に勤務したが、四ヶ月で退職した。その年の十二月二十八日母校の助教授に任じられた。しかし、元々南米の新天地に活躍し、その実を究めようとする志が強く、明治四十年一月東洋汽船株式会社に入社し多年憧れの南米に渡航した。チリ、アルゼンチン、ブラジルを視察し、その後、東洋汽船南米代理監督として、チリ、ペルーに七年間ほど滞在し、大正四年帰国した。再び教壇に立ち、大正八年五月当時のスペイン語科主任教授篠田賢易の後任にな

金沢一郎『胸像建設記念』より

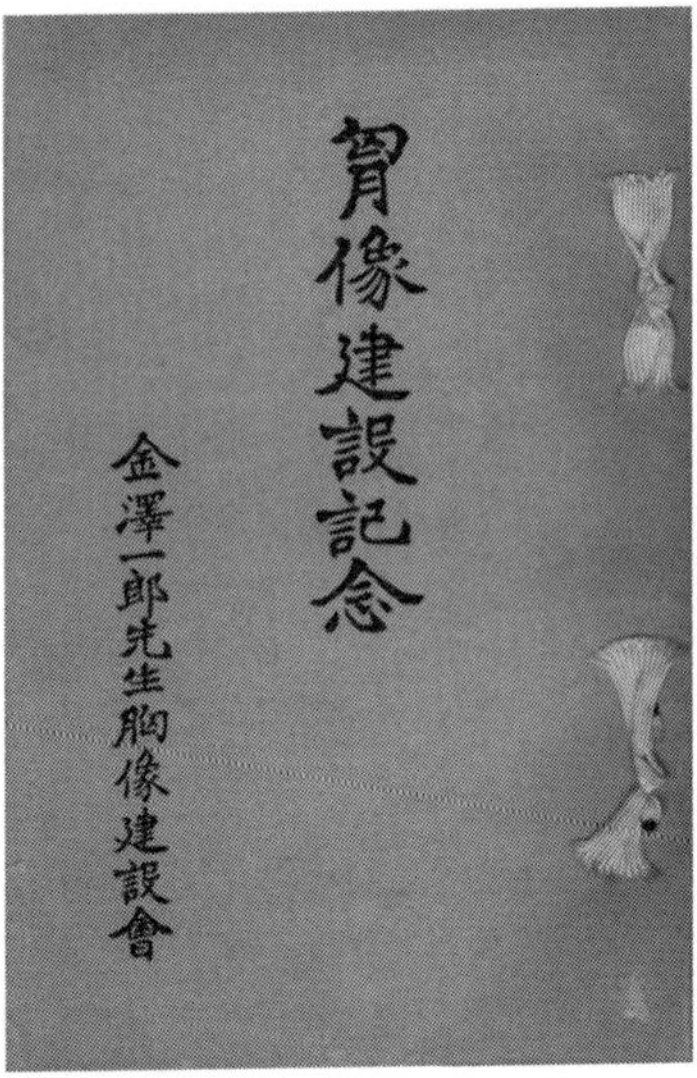

り、もっぱら学生指導の衝にあたった。その後、大正十一年南米各国を巡視し、さらに大正十五年には南洋方面を視察した。実に、スペイン語系の諸国をほとんど視察研究し、その国情に通じていた。

金沢一郎は、スペイン語界の先覚者として多くの書を著した。その主なものをあげると、『西班牙語会話篇』*MANUAL DE LA CONVERSACION ESPAÑOL-JAPONÉS Y VOCABULARIO* 明治三十八年、『ほるとがる（ぶらじる）語会話』袖珍本一五一頁・明治四十一年大日本図書発行、『日西会話』*CONVERSACION HISPANO-JAPONESA* 袖珍本一一五頁・明治四十一年大日本図書発行、篠田賢易校閲・金沢一郎編纂『西班牙語動詞字彙』（附前置詞用法）明治四十二年丸善発行、『和西新辞典』大正八年丸善発行、金沢一郎校閲『西日辞典』大正十四年、『初等西班牙語研究』昭和八年崇文堂発行などである。『初等西班牙語研究』は興味深い表題であるが、この書は『西班牙語会話篇』の内容をそのまま使い、書名だけを変えての出版である。宮崎浩との共著で『西班牙語商業文提要』昭和十七年・三省堂を出しているが、実際は宮崎一人の仕事のようである。金沢は出版にあたり宮崎を推薦したの

である。また、ポルトガルの表記に金沢は「ほるとがる」を好んで使っていたようである。

明治三十四年よりスペイン語学界の先駆者として、東京外国語学校にて三十五年あまりスペイン語教授の任にあたり、その師弟は一千有余人にのぼり、スペイン語学習者の恩人として遠く海外までその令名が及び、スペイン政府また昭和八年には日本政府より勲四等に叙せられた。

金沢が最初に著した書は、エミリオ・サピコ（明治三十六年～三十九年東京外国語学校外国人教師・西班牙国法学士）校閲になる『西班牙語会話篇』明治三十八年一月・大日本図書発行で、三四〇頁の大冊である。序は東京外国語学校第三代校長村上直次郎教授が認めた。訂正増補第五版大正十五年七月発行では四〇〇頁にも及んでいる。

第一篇発音法、第二篇単語篇、第三篇慣用句集、第四篇会話篇、第五篇変化法で構成されている。この書のタイトルは会話篇とあるが、内容は日本人の手になるスペイン語文法の礎であろう。

志賀重昂は明治四十三年五月から六月にかけて、軍艦生駒で南米を訪れた時、この書を携えていたことが『世界山水図説』のなかに記されている。私は、偶々、神田の

古書肆で明治四十二年六月訂正四版発行のものを入手した。これには T. Morita と署名捺印されている。この人物が誰であるか特定できないが、第三篇の慣用句十六頁にわたり英語と日本語の書き込みがあり、学修したあとが窺える。

大正八年十月、『和西新辞典　全』が東京丸善株式会社より刊行された。金沢は、この辞典の緒言で次のように記している。

「今や羅甸亜米利加諸国に散在する邦人は万を以て数ふるに至り、（中略）同胞の中には、悲しいかな西班牙語に通ぜざる為にその発展上に大なる障害を被り居る者多し。（中略）本書は実に此等同胞の急を救はんとする動機に出でたるものにて、華麗なる字句を網羅せんことを企てず、又学術上の用語を列記せんことをも努めず、唯日常須要の語辞を適宜蒐集して之に対訳を施したるのみなり。（中略）されば編者は本書を以て学術上に相当の地位を占むべき辞典たら

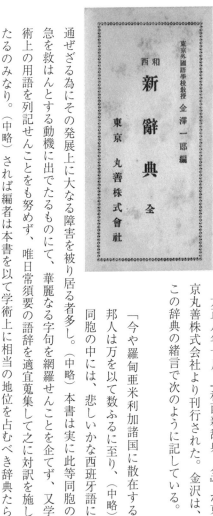

しめんとするものにあらず、唯前記の同胞に幾分の便宜を与ふることを得ば、本懐之に過ぎざらんとするものなり」

この『和西新辞典』は、スペイン語綴り字および発音八頁を加え、八〇八頁からなり、ローマ字・日本語・スペイン語の順で約二万語の単語が収録されている。ヘボンの『和英語林集成』を範とした向きも見られるが、その項目には実用的な語彙が多いように思われる。金沢は南米に七年ほど滞在し、日本人移民がスペイン語の理解に苦しんでいる実情を具に察して、和西辞典を編んだのである。また、メキシコ移民の父と謳われる照井亮次郎らの日墨協働会社編纂になる『西日辞典』（大正十四年発行）の校閲も行っている。

日本人として初めて和西辞書を編んだ金沢一郎の思想には、青年時代に影響を受けた杉浦重剛の精神が宿り、高潔な人格と深い学識をもった同胞愛が感じられる。

金沢一郎のことについて、私は生前、元大阪外国語大学教授角田理三郎先生から晩年奇術師天勝と結婚したことなど伺ったことがある。この章は、忘れられたスペイン語教授の先駆者について記した。

第四章　海外植民学校スペイン語教師・リカルテ

第十三回京都セルバンテス懇話会が横浜で開催された（二〇一〇年）のを機に、スペイン語を通じて横浜と何らかの関係があることをと思い、標記のように横浜に在住した海外植民学校スペイン語教師アルテミオ・リカルテと題して、忘れ去られたリカルテのことを記しておきたい。

一　アルテミオ・リカルテとは

アルテミオ・リカルテ Artemio Ricarte Vibora（1866.10.20-1945.7.31）のことを調べると、百科事典などには、だいたい次のように記されている。フィリッピン革命期の一八九六年、およびアメリカとの戦争期（一八九九―一九〇二）のフィリッピン陸軍の将軍。マニラのサンファン・デ・レトラン学院終了文学士。サント・トーマス大学および師範学校で教職免許取得し校長となる。その後、日本に亡命し、横浜で二〇年あまり住む。戦時中フィリッピンに帰国するが、ルソン山中で没する。

日本では、一九七一年当時の駐日大使ホセ・S・ラウレル三世の発案で、日比協会の援助に

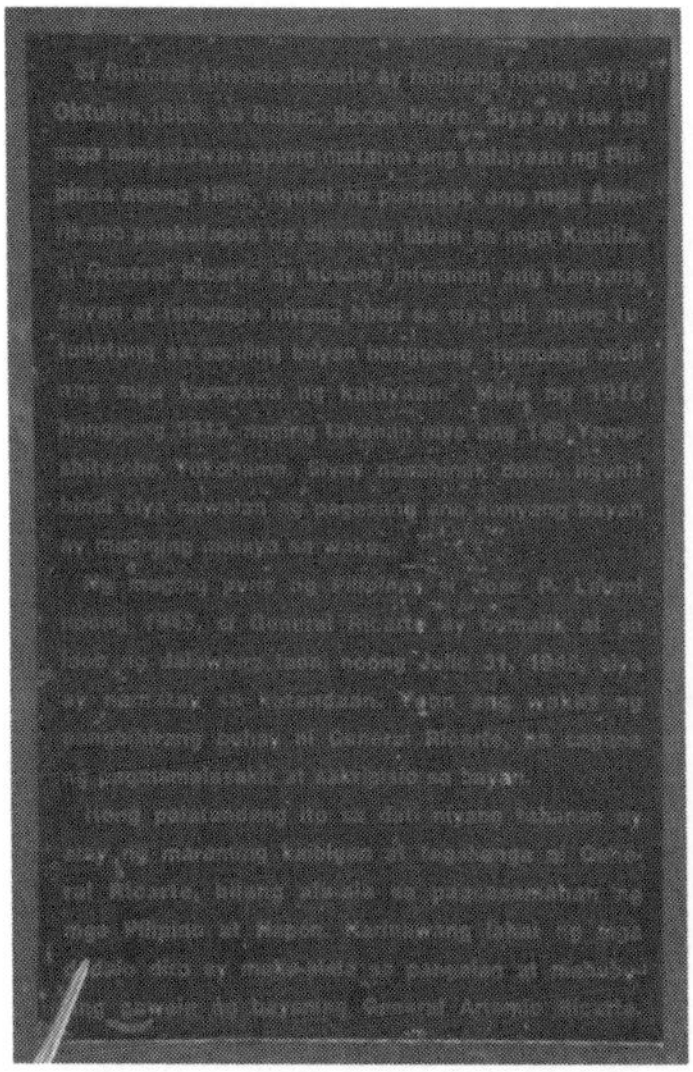

より山下公園内にリカルテ氏の記念碑が建立された。これは、リカルテ氏の死後二五年経ち氏の名誉が回復されたことにより、フィリッピン政府がルソン島北部フンドアンに埋葬されていた彼の遺骨をフォート・ボニファシオの英雄墓地に移すことにより英雄として認められたことによる。

横浜の山下公園に建てられた大理石の記念碑には、リカルテの円形のブロンズの胸像と前面に日本語、側面にタガログ語で記されたプレートがはめ込まれている。現在、横浜市中区の案内にも記されているように、山下公園内の花の広場の樹木の下にある。ここに建立されたのは、リカルテが好んでいつも散歩した場所だからであろう。老齢になったリカルテは、愛犬を伴い山下公園に散歩に出かけ、盆栽を楽しみ静かにくらしていたようだ。
リカルテのことについては、大方の横浜市民は知らないであろうが、「横浜朝の散歩」というブログにはリカルテのことが載っているので、知っている人もわずかであるがいるようだ。公園を管理する方に伺うと、「あの、フィリッピン独立の人」と呼ぶように、知っている人もいる。
この記念碑には、日本語で次のように書きこまれている。

アルテミオ・リカルテは一八六六年十月二十日フィリピン共和国北イロコス州バタック町に生る。一八九六年祖国独立のため挙兵、一九一五年「平和の鐘の鳴るまで祖国の土を踏まず」と日本に亡命、横浜市山下町一四九に寓居す。一九四三年生涯の夢であった祖国の独立を見しも、八十才の高齢と病気のため一九四五年七月三十一日北部ルソンの山中に於て波乱の一生を終る。リカルテは真の愛国者であり、フィリピンの国家英雄であった。茲に記念碑を建て、この地を訪れる比国人リカルテ亡命の地を示し、併せて日比親善の一助とす。

昭和四十六年十月二十日
財団法人　フィリピン協会
会長　岸　信介

二　アルテミオ・リカルテと太田兼四郎

筆者は、かつて西和辞書発達史を研究調査していく中で、太田兼四郎の辞書や文法書を調べたところ、太田兼四郎著『西班牙語廣文典』（三六二頁、岡崎屋書店、昭和十二年七月発行）に、校閲と序をリカルテ氏が一九三七年六月三日に認めていることに気がついた。ここにリカルテと太田を繋ぐものがあると判断した。

とくに文法書で興味を引く点は、中世スペイン語動詞活用、文章論が組み込まれている画期的な書である。さらに、用語で「兼備詞」というテクニカルタームを使っている。この用語は、スペイン語教師を長くやっている筆者も初めて目にしたものである。なんと「ヘルンディオ」のことである。

太田は大正末期に東京外国語学校専修科を中退したが、海外植民学校のほうは卒業している。卒業後はアルゼンチンに渡航し、邦字新聞編集に従事したようだ。その後、一九三三年（昭和八）二月帰国して、東京外国語学校教授金沢一郎に帰国報告を行った旨が、金沢の日誌に残されている。そして海外植民学校でスペイン語を教えるようになった。また横浜チリ領事館兼務、さらには東京外国語学校の先輩が関係している横浜太平洋貿易株式会社に関与した。戦後になると拓殖大学でスペイン語を教え、日本アルゼンチン協会常務理事などを務めた。

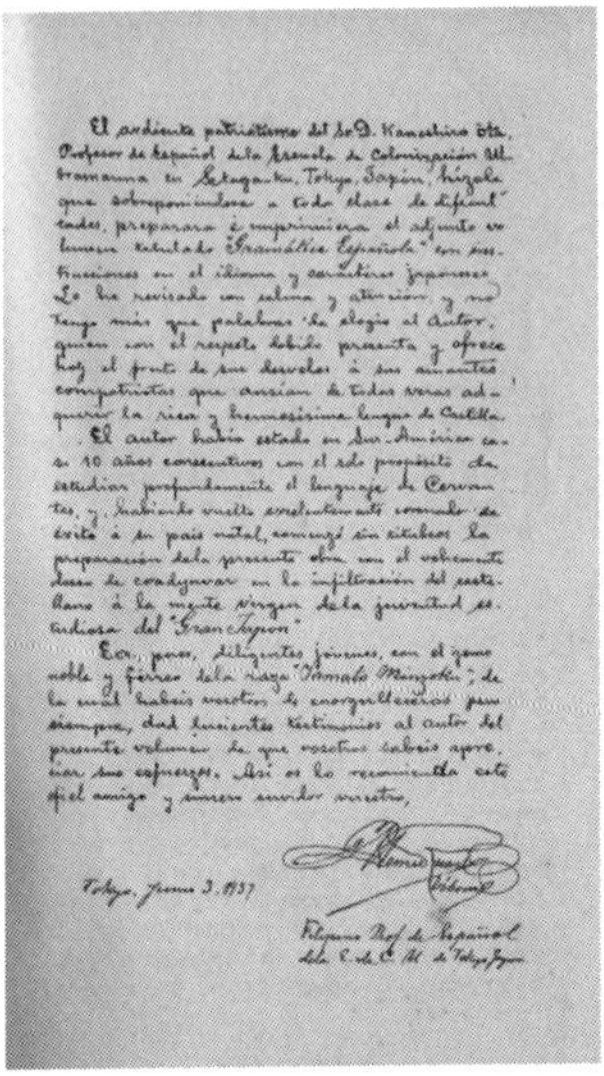

El ardiente patriotismo del Sr. D. Kaneshiro Ota, Profesor de Español de la Escuela de Colonización Ultramarina en Setagaya, Tokyo, Japón, hízole que sobreponiéndose a toda clase de dificultades, preparara e imprimiera el adjunto volumen titulado "Gramática Española" con instrucciones en el idioma y caracteres japoneses. Lo he revisado con calma y atención, y no tengo más que palabras de elogio al Autor, quien con el respeto debido presenta y ofrece hoy el fruto de sus desvelos a sus amantes compatriotas que ansían de todas veras adquirir la rica y hermosísima lengua de Castilla.

El autor había estado en Sur-América cerca 10 años consecutivos con el solo propósito de estudiar profundamente el lenguaje de Cervantes, y habiendo vuelto recientemente coronado de éxito a su país natal, comenzó sin titubear la preparación de la presente obra con el vehemente deseo de coadyuvar en la infiltración del castellano a la mente virgen de la juventud estudiosa del "Gran Japón".

Ea, pues, diligentes jóvenes, con el genio noble y fiero de la raza "Yamato Minzoku"; de la cual habéis nacido, de enorgulleceros para siempre, dad lucientes testimonios al autor del presente volumen de que vosotros sabéis apreciar sus esfuerzos. Así os lo recomienda este fiel amigo y sincero servidor vuestro,

Tokyo, Junio 3, 1937

Filipino Prof. de Español de la E. de C. Ul. de Tokyo, Japón

リカルテのスペイン語による序文

GRAMÁTICA
DE LA
LENGUA ESPAÑOLA

西班牙語廣文典

アルテミオ・リカルテ校閲・序
太田兼四郎著

東京 岡崎屋書店 發行

昭和六十年頃、太田のことを調べていると、日本イスパニヤ学会の会員名簿（昭和四十三年版）に太田の名前が載っていた。勤務先は司商事フェルトとある。すぐさま電話してみると、受付の女性の方は、太田のことは分からなかったが、常務の島田氏に連絡をとってくださった。島田氏は太田のことを良く知っている方で、太田の遺作『鬼哭』について氏からご教示いただいた。さらには、当時まだご存命だった太田夫人の住所と電話も教えて下さり、私は恐る恐る太田夫人に電話をかけたことは言うまでもない。太田は昭和五十年頃没した。

太田の著書に『西班牙語辞典』五〇七頁、昭和十六年五月発行、岡崎屋書店がある。この辞書は、中南米で使われている語、例えばguagua バス、をあげて意味の差異や語法に関して説明・例文をあげた最初の辞書であり、南米邦人に向けたものである。論考に「希望に輝く在亜邦人」がある。（雑誌『移民』所収。）

戦後の著作には次のようなものがある。『アルゼンチン国は日本移民を受け入れるか』一九五四年、上智大学講演集、日本アルゼンチン協会発行。『中南米常用西班牙語会話』第二版、一九八頁、昭和三十三年、岡崎屋書店発行。

三　スペイン語教師アルテミオ・リカルテ

リカルテは、若かりし頃マニラで生活費を稼ぐため、スペイン人の家庭で働いていたことがある。この家の主人に勧められて師範学校で勉強するようになり、一八九〇年教師の資格を得たことからスペイン語にも長けていたと思われる。もともと教育者出身であったリカルテはスペイン語も堪能であり、フィリッピンの国語であるタガログ語、さらにはイロカノ語にも通暁していた。

大正年間、日本でスペイン語を学習できる学校は東京外国語学校のほかに二、三の学校があっただけで、その学者も数えるだけしかいなかった。こうしたことから官立の外国語学校でスペイン語教師の職に就いても良さそうであったが、亡命中の身の上であったことから憚るところがあったのかもしれない。幸いにも海外植民学校という珍しい学校があり、ここでスペイン語教師の職に就くことができた。

海外植民学校はスペイン語ではEscuela de Colonización Ultramarinaである。この学校は東京都公文書館学事記録から見ると、東京市世田谷区北沢二丁目四十三番地に所在していた。最寄駅は渋谷から帝都電鉄（現在の京王電鉄井の頭線）の池ノ上下車、または東急玉川線（廃線）、俗に言う玉電三宿下車で、東京帝国大学農学部の農場に隣接していたようだ。リカルテは横浜から渋谷へは電車を利用していたが、渋谷からは徒歩で通っていた。

海外植民学校は、崎山比佐衛により私立学校設置認可申請書が出され、一九一八年（大正七年）六月に認可された。高等小学校卒業生を対象とする本科の中学校、甲種農学校および甲種商業学校卒業生を対象とする専攻科があった。全国から海外発展を志す青年を募集して、世界の情勢を知り、その智識の普及と実践教育を企図した学校であった。

校長の崎山は、明治八年（一八七五）高知の生まれで、十五歳の時、苦学の志しを立て東京に出たが失敗。明治二十六年（一八九三）高知県代議士武市安哉が計画した植民地開拓に参加して北海道開拓に従事。明治三十一年（一八九八）東北学院に入学。明治三十三年（一九〇〇）青山学院中等科に転校し卒業。明治三十五年（一九〇二）青山学生労働会設立。大正三年（一九一四）南米への海外視察。帰国後、わが国に植民的思想と知識を普及しようと渋沢栄一らを役員として海外殖民教育会を創設してその主幹となった。大正五年（一九一六）年海外発展植民地指導者の人材育成を考え、団琢磨、江原素六、床次竹二郎、浜口雄幸を創立委員として植民学校設立者となり、学校用地を購入して大正五年十月学校建設着手、大正七年三月竣工。大正七年六月開学に至った。役員には創立委員のほかに富田幸次郎、渋沢栄一、森村市左衛門らが名を連ねており、植民学の講義には永井柳太郎を講師に迎えていた。

リカルテは校長の崎山と親交のあった後藤新平の推薦で、大正十年（一九二一）この学校でスペイン語教師となった。リカルテ五十五歳であった。月収は八〇円。スペイン語教師には酒井市郎（大正二年東京外国語学校西班牙語科卒業・大正六年奉職、翌七年より海外植民学校でスペイン語を教える）、佐藤久平（大正五年東京外国語学校卒業・大正七年前期のみ海外植民学校スペイン語講師）、

植民義塾玄関前のリカルテ

太田兼四郎などがいて、外国語実習には力を入れて英語のほかにスペイン語は週十五時間の授業があったようだ。リカルテは横浜から月・水・木にスペイン語を教えに出講していた。教科書は、酒井が編集した『西班牙語講義』、『最近西班牙語会話』、『速修西班牙語文法』や太田の文法書などが使われていた。また、大正十四年（一九二五）三月三十一日には神

奈川県立商工実習学校西班牙語教師として招聘され月報六〇円を授け勤務することにもなった。

植民学校の教壇では、リカルテは誠に温厚溢れる先生で、学生たちから慈父のように親しまれていた。しばしば比島革命運動の話になると、将軍の人柄がガラリと変わり、あの窪んだ眼光が爛々と輝き、不屈の闘魂がよみがえって殺気さえただよった。体格に不釣り合いなほど大きな拳で、力一杯テーブルを叩いては学生達の血を湧かしたものである。（太田兼四郎『鬼哭』より）

四　アルテミオ・リカルテと横浜

リカルテは、一九一〇年マニラから香港に亡命して一九一五年まで暮らしていた。その後、一九一五年六月十日上海から春日丸に乗船して門司に向かった。日本に上陸すると、神戸から名古屋に移動して、衆議院倶楽部宇佐隠来彦の紹介で愛知県瀬戸町（日本名は南彦助）に住み瀬戸物職人として働いていた。リカルテの日本への亡命に尽くした宇佐は、日露戦争の時、ロシアに対する明石工作として知られている明石元二郎が米西戦争の観戦武官としてフィリッピンに行った際に同行した通訳で、その折リカルテと知り合いになったと思われる。

大正九年（一九二〇）東京に出て、内田良平の主宰するアジアンレビュー記者になったが、雑誌が廃刊になると、幸いにも大正十年海外植民学校のスペイン語教師の職に就くことができた。一家は駒場に住むが、大正十二年四月横浜に移転すると関東大震災に見舞われ、余儀なく東京南品川、千駄木と一時住まいをすることになった。その後、大正十三年「カッフェ　カリハン Kalihan」を開店し横浜市中区山下町一四九番地に住み二十年近く寓居とした。現在の聘珍楼本店あたりで、甘栗の売店がある北京小路の駐車場付近か聘珍楼の裏手にある従業員自転車置き場あたりで広東道に面したところにカリハンはあったと思われる。山下町一四九番地に住んでいる中国貿易公司の方に伺ってみたが、昭和十五年以前のことはよくわからないとのことであった。ただ、中華街の商店の歴史を記した書にはカリハンの名は記されている。

カリハンについて、唯一、大正十三年十月号の雑誌『東洋』に掲載された記事に、リカルテの描写がある。

入り口の標札には、南彦助と出ているが、「いらっしゃいませ」と挨拶するのを見ると、南洋の血がながれているが、それも晴々した瞳の快活な娘で、その奥にはまた母かと見える瘦柄な、かなりの年配の女がすはっている。二人ともニコニコと、いつも愛嬌がよいが、まだ日本には慣れないと見えて、言葉がもどかしそうである。
夕方から夜にかけて、主人らしい色の黒い頑丈な体の持主が、マドロスパイプをくはへながら、白いコック服を着て、客へコーヒなどを運んだりしているが、これまた明らかに日本人ではない。暇さへあれば、いつも黙って電燈の下で、外国の本や雑誌に読みふけっている。英語などで話しかければ、至って物柔かで腰もひくいが、その眼にはどことな

く、云ひやうのない犯しがたい光がある。和らかさと鋭さと威厳がある。

昭和十年六十九歳の折に撮影されたリカルテの紋付羽織の和服姿の写真が『鬼哭』にある。家紋はカチプナン旗のカラヤンである。カチプナンとはフィリッピンの秘密結社で、スペインとの戦いが始まる前、ボニファシオがカチプナンの旗を赤地に白い八本の光の矢を放つ太陽とした。その太陽の真ん中に古い字体で自由を表すカラヤンのKを縫いこんでいる。

昭和十六年十二月十八日に、リカルテはフィリッピンへ帰国した。日本で最後の夜は、太田とともに日比谷の帝国ホテルに滞在して、NHKに向かいスタジオからフィリッピン向けの放送を行った。（写真左は

太田とリカルテ。『鬼哭』から）
リカルテによるフィリッピン革命随想録と自叙伝には次のものがある。英語・フィリピノ（タガログ）語・イロカノ語による出版。
The memories of the Artemio Ricarte Vibora An Autobiography, 1926.
Himagasikan Nang Pilipino laban sa kastila/ ni Artemio Ricarte Vibora, Tokyo, Ohmsha, 1927, 24cm.
Gubat dgti Pilipino ken kakastila: a sinuratan/ ni Hen. Artemio Ricarte Vibora, s.n. 1929, Yokohama, 112pp.
『リカルテ将軍に日本と武士道を訊く』リカルテ将軍口述・龍雲楼主人筆、一九四三年四月。日本語とタガログ語の二言語による出版。
リカルテの遺言は「わたしの墓を祖国と日本の両方に建てて貰いたい」であった。これを忠実に守った太田は、東京都立小平霊園の太田家の墓所にリカルテ氏の遺骨一部を埋葬している。リカルテの海外植民学校の教え子で、リカルテを師と仰いだ太田は陸軍の嘱託となり、フィリッピンに渡りリカルテと最後まで行動を共にした人物だ。
追記・リカルテの家族のことを記すと、袖井林二郎氏談ではリカルテの孫ビスはマニラで山下泰文裁判の通訳をおこなった。また横浜山手の墓地にはリカルテの娘が永眠している。

第五章　メキシコ移民の『西日辞典』・照井亮次郎

明治から大正時代にメキシコに渡った日本人移民のために、日墨協働会社が編纂したスペイン語辞典については、殆ど知られていない。照井亮次郎と実際に原稿を執筆した村井二郎を含めて、『西日辞典』について考えてみたい。

一　照井亮次郎のこと

メキシコ移民の父と称される照井亮次郎は、明治七年（一八七四）岩手県花巻に生まれ、宮城農学校卒業後、明治三十年（一八九七）二十四歳で時の外務大臣榎本武揚のメキシコ移民計画に賛同し、メキシコに移住した。

明治三十年三月二十四日、三六名の日本人はアメリカ船籍のゲーリック号で横浜を出発し、サンフランシスコとアカプルコで乗り換えてチアパス州サン・ベニトに五月十日に到着した。二五キロ先のタパチュラを経て、徒歩でエスクイントラに向かい五月十九日入植地に到着。最初の日本人移民であった。メキシコへの第一次移民は、ラテンアメリカへの初めての移民でも

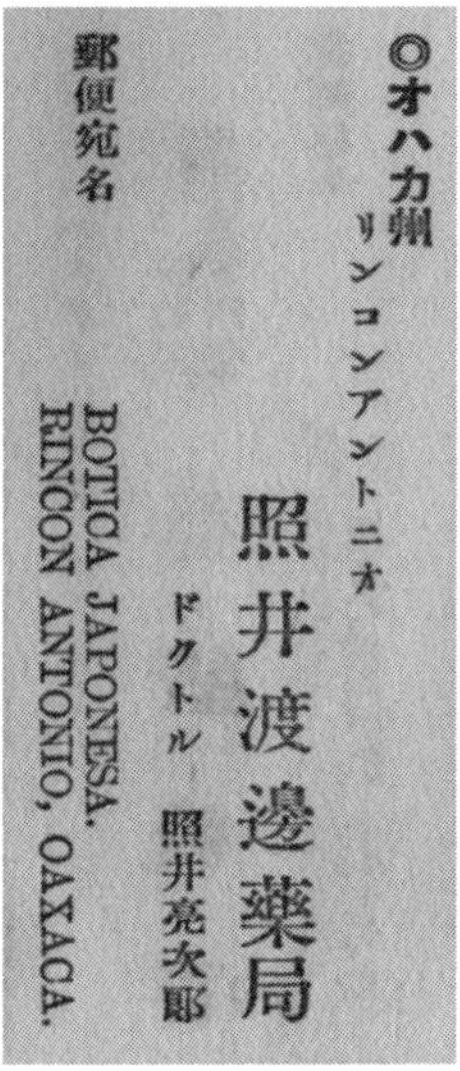

◎オハカ州
リンコンアントニオ
照井渡邊薬局
ドクトル　照井亮次郎
郵便宛名
BOTICA JAPONESA.
RINCON ANTONIO, OAXACA.

リンコンアントニオ照井渡邊氏薬店

一九二二年　照井亮次郎四十八歳の時、左側。吉山基徳著『注目すべきメキシコ』日墨研究社・昭和三年より

あった。兵庫、愛知の旧士族が中心となり岩手と宮城県出身の若干名の自由移民が加わっていた。

　その後、照井は日墨協働会社（協働であるが、辞書には協同と記されている）を創立して協同組合方式の開拓をおこなった。彼の行動は正義を基本として日墨両国の幸福発展を図ったので、メキシコ国民からも信頼を受け、日本からの移民を引き受け日墨貿易株式会社を設立するなど移民開拓の礎を築き、榎本の夢を実現したかのように見えた。メキシコ移民の父と言われるまでになったが、昭和五年（一九三〇）五十六歳で異国の土に眠った。

　日墨協働会社は、社員に私有財産を認めず、商業活動をすすめ、日本人とメキシコ人とのあいだに生まれた子どものために小学校を開設し日本語教育に力を入れたほか、スペイン語―日本語辞典の編集をすすめメキシコでの日本人社会の発展に貢献した。

二　辞書編纂と村井二郎

日墨協働会社の活動で注目に値することは、『西日辞典』の編纂である。照井は大正十四年（一九二五）八月にメキシコで記した辞典の緒言に次のように記している。

回顧スレバ二十六年前榎本子爵ノ計画セシ墨国殖民トシテ我等ハ西語国民中ニ孤在シ具サニ彼此ノ辛酸ヲ嘗メ尽セリ、誤解弁ゼズ冕枉解ケズ当然ノ権利ヲモ主張スルヲ得ズ、日夕無智ノ土民ヨリ浴セラル、理由ナキ嘲笑ニスラ酬ユル能ハズシテ屈辱ノ恨ミヲ尽シ悲憤ノ涙ニ送リシ日幾許ゾ、之レ実ニ形容ノ及バザル一種ノ悲劇ナリシナリ、千八百九十八年ヨリ千九百十四年マデ大旱ニ雲霓ヲ望ムノ思ヒヲ以テ西日辞典ノ出版ヲ渇望セリ然カモ日本ノ学者ニ対スル吾人ノ期待ハ裏切ラレテ其恵ニ浴スル能ハザルコト二十有六年ナリ

明治三十年（一八九七）榎本移民団はメキシコに到着し、明治三十一年（一八九八）には小橋・岸本合名会社はエスクイントゥラで事業を開始、明治三十四年（一九〇一）滋賀県代議士

藤野辰次郎は榎本植民の後継者として尽力し、藤野農場の名で事業を継続している。明治三十四年（一九〇一）から四十年（一九〇七）までのあいだ、熊本移民会社は一二四二人、東洋移民会社は三〇四六人、大陸移民会社は四千人以上を鉱山および鉄道事業の労働者として送り出し、推定一万の日本人がメキシコに渡っている。

明治三十九年（一九〇六）には、日墨協働会社を組織して理事長には榎本移民の自由移民、照井亮次郎が就任した。そして、日本人子弟のために暁（アウロラ）小学校を設立している。

明治時代には、スペイン語の会話書や独習書が数冊発行されているが、辞書にいたっては出版の萌しもなかった。ただ明治四十年（一九〇七）秋頃から当時の東京外国語学校教授篠田賢易が西和辞典の編集を始めたが、何かの事情で中断してしまったらしい。

照井は、日本の学者に辞書の刊行を期待するよりも、自らの手で境遇を同じくする日本人同胞のために、またラテンアメリカにおける植民と貿易のためにいくぶんかの利便性を期待して、大正三年（一九一四）西日辞典の編集に着手した。とくに編纂者に同志社出身の村井二郎を呼び寄せ辞典の編纂が開始された。そして大正十四年（一九二五）三万語収録の辞典完成、二千部が印刷された。

三　辞書編纂について

西日辞典の原稿を執筆したのは村井二郎であった。彼は岩手県釜石出身で旧制五高から同志社にすすんだが、中退して大正三年（一九一四）二十八歳のとき妻と息子を伴ってメキシコに渡航した。まず、村井はスペインのレアル・アカデミア・エスパニョーラの『グラマティカ・デ・ラ・レングア・エスパニョーラ』（筆者注・一九三一年に新版が発行されているが、それ以前の版は複雑なところがあったようだ）でスペイン語を独学して、アメリカで発行されている西英辞典（筆者注・当時アメリカで定評のあったハラップス、カッセルあたりではないかと思うが）を取り寄せて日本語訳するという方針をとった。

編纂は、まず訳語にローマ字を入れていることが注目される。これはスペイン語により日本語を学ぼうとする人、また日本語の教育を受けなかった日本人の子どもたちに利便性を考えたものであろう。日本式ローマ字を付けたのは、当時ローマ字運動の推進者であった田丸卓郎の協力もあったのであろう。田丸は大正三年（一九一四）に『ローマ字國字論』を著している。辞典編纂の意義について、照井は日墨協働会社総会（一九一五年五月十九日）で次のように述べている。書簡については、川路賢一郎「照井亮次郎書簡」『移住研究』二一号、一九八四、四三—九四頁を参考にさせていただいた。

本部の仕事として村井君を助けてスペイン語―日本語の辞典を作っております。この頃までにGの所まで進んでいる。今年の八月か遅くも九月までには訳し方を終わって、十二月までに清書できるという予定である。このため毎月三十ペソずつ村井君の経費としてやっておりますが、この頃のように物の値段が高くてはこのままでは行けまいからもっと増やさなければなるまい。辞典など作っても元より直接に利益はないけれども我々は日本の殖民の進歩のためにする志である。

辞典編纂作業は、村井にとり孤独との対決でもあったようだ。発熱や不眠症で、疲労も続き、編集作業も思うように進まなかったであろう。会社の本部に宛てた書簡から、編集の様子が垣間見られる。

大正六年（一九一七）六月十五日の書簡

一九一六年十月から南タパチュラ市製氷所内に移転後、店の決算と住家の造作に数週間を費やし、更に新計画の和西辞典に編著準備として、辞句分類の必要上日本語文法の研究に着手。その方針の定まった頃は明けて大正六年になった。

大正三年に編集をはじめ大正四年五月にはGまで進み、大正六年には新たに和西辞典の編纂を計画するに至っていることが読み取れる。

七月十五日の書簡

一ヵ月以上経過した今日、十日前既に終わるべきはずのがやっと予定の半ばを終えたにすぎない。即ち文法書で三十五頁、筆記帳で五十七頁ができただけだ。

九月六日の書簡

文法の翻訳は既に成った。ただ動詞に前置詞のついた特数の使い方が了解し難いのでモンドラゴン氏を訪問したが一日や二日では埒があきそうにない。外国語学校の講義中に何かあろうかと阿保徳弥氏（筆者注・青森県出身東京外国語学校西語科明治四十三年卒業・徳哉か）をも訪問したが参考となるべきものもないという。ただ米国辺りで作られた大字典などに何かの説明があるかもしれないということに気がついた。差し当たりこの地の教育ある人にでも就いて一々研究するより外に道があるまいということに決着したので、とても今日明日の事には行かぬ訳になった。

そこで上記の部分はそのままにして、取り敢えず、一通りの講義と心を定め、ちょうど十五頁を書き終わったのは三日目の朝だったが、ここにまた甚だつまらない事が沸き起こった。即ち、その日製氷所に滞留中の渡辺忠二君（筆者注・宮城農学校卒業・日墨協働会社社員、忠治か）から小生が所有するものよりも七年ばかり後に出版された同じアカデミアの文法書を借りて試みに対照したら驚くべし、その内容について甚だしい相異ができていたのである。

接続詞o，u，eまた前置詞aにアクセントをつけないのは言うまでもない、旧書にある数節が新書に省かれ、前書にない数節が後書に増加しており、旧書の脚注が新書においては本文となり、または省かれており、用語において、説明において一般に極めて現代的かつ世界的な体裁を具えてきたと自分は見た。

従って、外国人である我々には旧書に比して新書を理解しやすいこと数倍で、先に翻訳上頗る苦心をしたことが新書を見たら一読して直ちに会得されることであった。

この有様で旧書の翻訳をそのまま出版するにはいかないことになった。半年以上の努力が空しく棄てられなければならない。さりとてこの事業をこのまま中止することもできない。頁数において旧書よりも幾分多くなっている新書だがやり直して、また一段の勇気が加わる。勇猛奮闘の頑固さが悠然として我に湧き起こるので更に新書の翻訳をなし遂げようと自決自定したのである。

既に文法書において二十八頁、筆記帳において三十頁に達しているが、これは五、六日の仕上げで一日平均五、六頁やっていることになる。この速度で終わりまでやれるかどうか分からぬが、精々半年足らずの間にはと思っている。自分の仕事には書物が主なる資本であるのに、何時も間に合わせ本でやろうとするので無益な労力を費やすこと一再ならずだ。以前辞典をやっている際もアカデミアの辞典が始めから手許に供えられていたら、訳語についての曖昧と錯誤を容易に避け得たのだが、仕事の終わり頃にやっと手にしたのでその時もそう思った。一事業として認めるならそれは資本を入れて参考書の購求は必要な事だと熟々思った。

九月三十日の書簡
辛うじて八日目に二頁を訳出したのを手始めに、二十二日間、平均一日文法書の約六頁を訳しつつ今日に至った。即ち、文法書で百三十一頁、筆記帳で百四十四頁をなし終わったのである。極めて満足に堪えないのは我が筆の頗る健康なことである。この分で進なら翻訳だけは十一月末にはなし終えようかと思う。

このように村井の弛まぬ努力を続けたお蔭で、大正三年（一九一四）に編集を開始して大正六年（一九一七）の十二月には翻訳原稿は完成した。脱稿すると村井は大正七年（一九一八）に故郷の釜石に戻った。村井の長男洋は二歳でメキシコに渡り一九一八年九歳で帰国している。

照井の長女アウロラ暁子は一九一六年八月にすでに帰国していた。その後、洋と暁子は結婚して東京都世田谷区に住んだ。一九九五年の『日墨新聞』は、川島正仁氏が記す榎本移民団の子孫のことを報じている。

四　日墨協同会社編『西日辞典』

村井が三年余りの日々を費やし完成した原稿は、次に出版の運びとなるが、メキシコ革命や経済混乱により出版は延期になった。この革命の時に日本人移民を救出したのが東京外国語学校西語科出身の外交官馬場称徳であった。馬場については、神津良子著による『メキシコの月信州の月――三十二歳の外交官・馬場称徳の軌跡』（二〇〇四年、郷土出版社）で知ることができる。

大正九年（一九二〇）には協働会社は解散となったが、東京の財団法人啓明会の援助により大正十年（一九二一）に出版の計画となった。当初の予定は「西日字典」の書名であったが、『西日辞典』となった。ここに照井が大正十年十月に起草した序文

草稿があるので見てみたい。

大凡我同胞成年ニシテ多少の希望ヲ抱キ海外ニ一歩ヲ踏出シタ者デ語学ノタメニ泣カサレヌ者ハ殆ドアルマイ　其苦ミタルヤ内地ニアッテ「外人ヲシテ我国語ヲ学バシメヨ」等言ッテ偉ガル人達ノ想像ノ及ブ程度ノモノデナイ

私ハ明治三十年榎本子爵ノ殖民団ト共ニ日本開国以来始メテノラテンアメリカニ殖民ノ目的デ第一歩ヲ印シタ　其ノ当時ニハ日本ニ於テ西班牙語ニ関スル著書ハ一冊モナカッタカラ真先ニ其苦味ヲ一層強烈ニ嘗サセラレタ　爾来廿余年日本学者ニ対スル色々ノ希望ハ裏切ラレテ数種ノ会話編ノ如キモノノ外今ニ尚ホ西日字典ト称ス可キモノガ世ニ現ハレテ来ナイ

今ハ止ヲ得ヌト思ッテ柄モナイ事ナガラメキシコノ片田舎デ商売ヤ百姓ヲシナガラ吾々日墨協働会社ノ手デ出来タモノヲ刊行スル事ニ致マシタ　担当者ハ社員村井二郎君デ極メテ適切ト思フ訳語ヲ一語カ二語宛ニシタノハ同意義ノ漢字ヲ沢山ニシテ後ニ大ヲ誇ル如キ真似ヲ致度クナイト思ッテ成ル可ク小形ニシテ殖民者、旅行者ノ便利ヲハカリ度イタメデアル　学者達ノ机上ニハ英訳ナリ仏訳ナリデ充分用ハ足ル筈ダ　又訳語ヲローマ字デイレタノハ日本語ヲ習ヒタイ西語国人ト殖民地デ成長シテ漢字ヲ知ラヌ若キ日本民族ノタメデアル　絶対ノ同化主義デ日本語ヲ習フ必要ナキ人々ノ為デハナイ　訳ハ外国語学校教授金沢

一郎氏ノ校閲ヲ煩ハシローマ字ノ方ハ帝国大学教授理学博士田丸卓郎氏ガ御引受下サレタコトヲ茲ニ改メテ御礼ヲ申シマス

ソシテ此ノ書ガ世ニ出ル事ヲ得タノハ有名ナ赤星隊ノ篤志ニヨッテナル財団法人啓明会ノ行為選択ニ預リソノ好意ニヨッテ其出版費ノ恵典ヲ受ケタカラデアル此ノ書ニヨッテ幾分ノ便宜ヲ得タト思フ人々ハ吾人共ニ啓明会創立者ノ志ヲ感謝サレタキ事ヲ希望致シマス

大正拾年十月

日墨協働会社　理事

照井亮次郎

原稿はさらに翻訳とローマ字表記の校閲が必要であった。翻訳は東京外国語学校の金沢一郎、ローマ字は東京帝国大学の田丸卓郎により校閲がすすめられたが、日数がかかり直ぐには出版には至らなかった。この間、大正十二年（一九二三）九月一日には関東大震災がおこり、東京市小石川区久堅町の博文館印刷所にあった印刷原稿は幸いにも焼失を免れたが、復興にまたもや時間がかかった。緒言は大正十四年八月に書き直され、そして大正十四年十月やっとのことで牛込区五軒町の右文社出版部より発行された。発行部数は二千部、定価は四円五十銭であった。表紙は緑のクロス装で右から『西日辭典』と金文字で書かれ、理学博士田丸卓郎、東京外国語学校教授金澤一郎、醫學士熊谷安正、下段に日墨協同會社編纂とある。

縦一七cm、横一〇cm、一一〇七頁、付録に動詞活用表が二六頁。見出し語約三万語である。東京外国語学校附属図書館には、金沢一郎の弟金沢次郎（筆者注・蔵書には次郎とあるが二郎が正しい）が寄贈した辞書がある。校閲者本人が寄贈したのではなく、弟の二郎氏が寄贈したのは金沢一郎が大正十一年から南米諸国へ出張していることからであろう。

それでは、いくつかの単語を見てみよう。

Cobija, 樋瓦 Toi-gawara; 隅瓦 Sumi-gawara.

この語は、中南米では毛布、マントの意味で使われるが辞典には記されてない。

Tomate,*m.* 蕃柿 Akanasu. Lechuga,*f.*（植）萵苣 Syoku. Tisya.

トマトが赤茄子という日本語は東北地方で使われていた方言なのか、明治期の外来の野菜にたいする呼び方なのか興味深い。漢字は「はんし」と読む。レタスがチシャ、という呼び方は現代でも使われているが、結球性のタマヂシャは明治以後輸入されてレタスと呼ばれ普及したものである。漢字の表記は「かきょ」と読む。

Mantequilla *f.* 牛酪 Bata. Papa,*m.* ととさま Totosama; とうさん（子供ノ語）Toôsan (Kodomo no Kotoba).

Padre,*m.* 父 Titi; 頭 Kasira; 発明者 Hatumeisya; 牧師 Bokushi. Pl. 両親 Ryosin.

牧師、と訳語があるのは村井が同志社出身であったためか、神父という訳語をあてていない。

Mermerada de furutas　じゃむ Zyamu.

このように見出し語、品詞、日本語、日本式ローマ字表記である。用例や成句については殆ど示されてない。辞典は刊行されたが、日墨協働会社も解散してメキシコ移民たちにとって、また日本でのスペイン語学習者にとりあまり普及しなかったようだ。筆者が神田の古書肆で入手したものには定冠詞と不定冠詞を記したメモ書きがあった。

私は一九七七（昭和五十二）年九月に総理府青年海外派遣の一員としてエスクイントゥラのコーヒー園を訪問したことがある。農場長から嘗て日本人が活躍したことを聞かされ、感慨に耽りすごい日本人がいたものだと感心したことがあった。その後、「西和辞典発達小史」一九八九（『ピーヌス』二十七号、雄松堂書店）を纏めるなどして、照井のことが気がかりになっていた。ＮＨＫでは、一九八六年十一月二十九日「歴史ドキュメント・メキシコに五稜郭の夢を見た」で、アウロラ小学校のことなどが放送されたこともあった。この番組の再放送をＮＨＫアーカイブスにお願いしたところ、残念ながら今のところ予定はないようである。

照井亮次郎がおこなった事業のなかで、辞書編纂はメキシコで日本人移民が生活する上でのことばの不自由さを克服するために、志を立て悲願の完成まで十一年かかった労作である。辞典はまさしく移民の先人たちが残した体験による血と涙の記念碑であることを改めて考えさせられるものである。

第五部　昭和期

第一章　孤高のスペイン語辞書編纂者・村岡玄

大正時代にスペイン語辞典を独力で編纂した村岡玄（明治二十年―昭和五十一年）という人物についてはあまり知られていない。この章は、野にあって独自の道を歩いた村岡玄の功績について記してみたい。

一　辞書編纂の始まり

明治四十三年東京外国語学校西班牙語科を卒業した村岡は、同年助手になり翌年までの一年間勤め、さらに大正三年から五年まで講師として奉職している。大正四年卒業の渡辺博史は村岡に週一、二回授業を受けていた。

渡辺は、村岡と当時のことを次のように述べている。

「同氏は初めて西和辞典を編纂された功績は特記すべきであろう。私共の時代は西和辞典より、英語の分からぬ処は更に英和辞典によると云う二重の手間をかけて予習する時代で

あった」(『東京外語スペイン語部八十年史』昭和五十四年)

明治三十六年東京外国語学校教授になった村上直次郎は、かねがねスペイン語と日本語の対訳辞書の必要性を説き何をおいても学生にスペイン語と日本語の対訳辞書をあてがうことを考えていた。当時の学生は単語一つの意味を知るにも西英辞典と英和辞典を併用し、日本語の単語をスペイン語訳したいときには和英辞典と英西辞典を参照する必要があって、常に二重の労力をはらっていたからである。村上教授は篠田教授と相談の上、文部省に申し立てて辞書の編集費用を出してもらう計画をたてた。しかし、この申し立ては容易に許可されることはなかったが、やっとのことで編集事務の助手だけが手当てを支給されることになり、辞書編纂という画期的な事業がはじまった。

村岡 玄

『独立百周年(建学百二十六年)東京外国語大学史』1999より転載

明治四十年秋より村上教授が和西、篠田教授が西和を担当し無報酬を物ともせず本務の週十八時間以外に夜学の四時間の授業をもつ傍ら、勤務の余暇をスペイン語の辞書編纂にすべて打ち込んだ。編纂作業を日夜すすめていたが、村上教授が明治四十一年七月東京外国語学校長になったことにより編纂を続けられなくなり助手の村岡玄に託したようだ。不運なことに助手の手当ても打ち切られたことにより、それまでの和西辞書の原稿を助手の村岡に譲与した。これが切っ掛けとなり村岡は辞書編纂をすすめることになったのであろう。東京外国語学校の助手の手当ては打ち切られ、村岡は一年足らずで母校を去っている。卒業と同時に明治四十三年東京赤坂区榎坂町に独力で東京西班牙語学会を創立し、スペイン語の普及とスペイン語辞書の編纂という事業を興すことになった。一方、篠田教授はレアル・アカデミア・エスパニョーラの辞典から見出し語を選び、なお数年こつこつと編纂の仕事をつづけたFの項目の半ばで断ち切れてしまった。篠田の早世の一因は苦しい辞書編纂であったとされている。

二　教科書の編纂と和西会話辞典の編纂

村岡は、東京西班牙語学会からまず大正三年に『西班牙語会話文法』（上）二一七頁、一九cmを著し、昭和二年七月に十七版、昭和十五年に二十版を出している。次に、大正七年八月に『独修西班牙語全程』（*METODO PRACTICO DE ESPAÑOL*）二五二頁。大正十二年に『西文日語捷径』。大正十三年『独修西班牙語全解』（第一巻・第二巻）、昭和二年に改版を出している。この書のスペイン語の題名は *METODO COMPLETO DE ESPAÑOL*. Tomo 1. 2. Tokyo,

1924. 大正十四年一月『会話独習西班牙語（エスパニア）読本』二一三頁、二〇cm、昭和五年六月再版となる。

村岡の著したものを確かめるために大正十二年一月の『東京書籍商組合会員図書目録』を見ると、『西文日語捷径』二円五十銭・西班牙語学会、『西班牙語独習書』、『独習西班牙語全解』第一巻がある。これらの教科書は、題名だけを変えて次の出版物となり送り出されている。『エスパニア語講座入門』第一巻・西班牙語学会、『改訂エスパニア語全解』、『エスパニア語読本』、『改訂新エスパニア語文典』（上）昭和十五年版、『改訂西班牙語会話文法』昭和三年版・昭和十五年二十版である。さらに『西文日本語独習』もある。

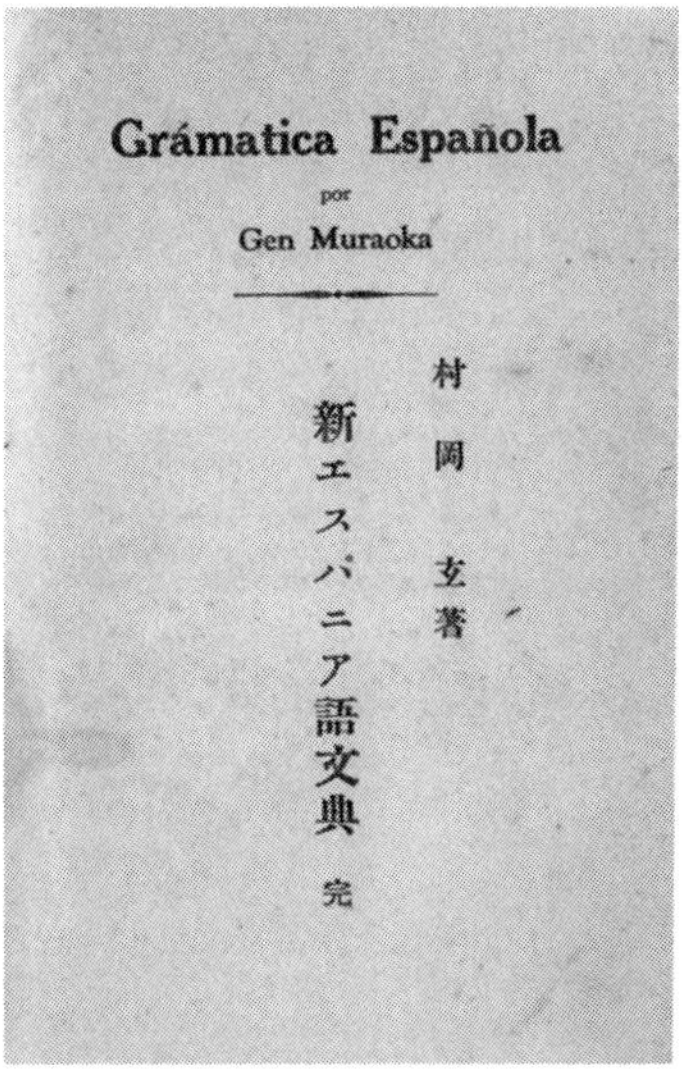

このように、辞書編纂と同時に教科書の発行をかなり進めていたこともわかる。

教科書の編纂とは、すこし趣は異なるが『墨西哥と其天産』という書を村岡は翻訳している。駐日特命全権公使マルエル・ペレース・ロメーロが著したものを大正六年二月に西班牙語学会から出版している。この書は二〇〇七年十月奥泉栄三郎監修により文生書院からの復刻版となり新たに世に送り出されている。
『墨西哥と其天産』はメキシコ植民を想定してのことであろう。彼の海外発展を望む思想は、『新エスパニア語文典』昭和十五年の「はしがき」から窺い知ることができる。

「メヒコ以南中南米十有余の共和国は、厖大なる沃土と無尽の天産とを蔵して、実に世界の驚異である。若しその国土の僅か半が開拓されてもその国富の巨額と新興勢力の偉大さとは、吾人の想像にも及ばぬところであろう。国語の系統、風俗慣習に共通点ある欧米各国が盛んにエスパニア語の普及を計り、この新大陸時代彼地に於て優秀の地歩を占めんと競ふているのも亦当然である。天産に限りある狭隘なる国土に拠り、世界一の稠密なる人口を有し然も年々百万余の人口増加を来す我が同胞の共存共栄の為には、既に英語国では我等にその門戸を閉ざして了つた今日、唯中南米のエスパニア語国が我等に残された唯一の海外発展地である。アンデス山脈を背に一望万里の沃野に日本村を建設し、ラプラタ、アマソーナス本支流々域千古未踏の地に富源を探る、男子の本懐これに如くものはあるまい。植民は平和の行動による民族の発展である。最近我が同胞の新大陸方面への発展には大に見る可きものあるも、まだまだ欧米人に比すると大なる軒輊がある」

大正十四年十月村岡玄編による最初の辞典『いろは音引和西会話辞典』東京西班牙語学会

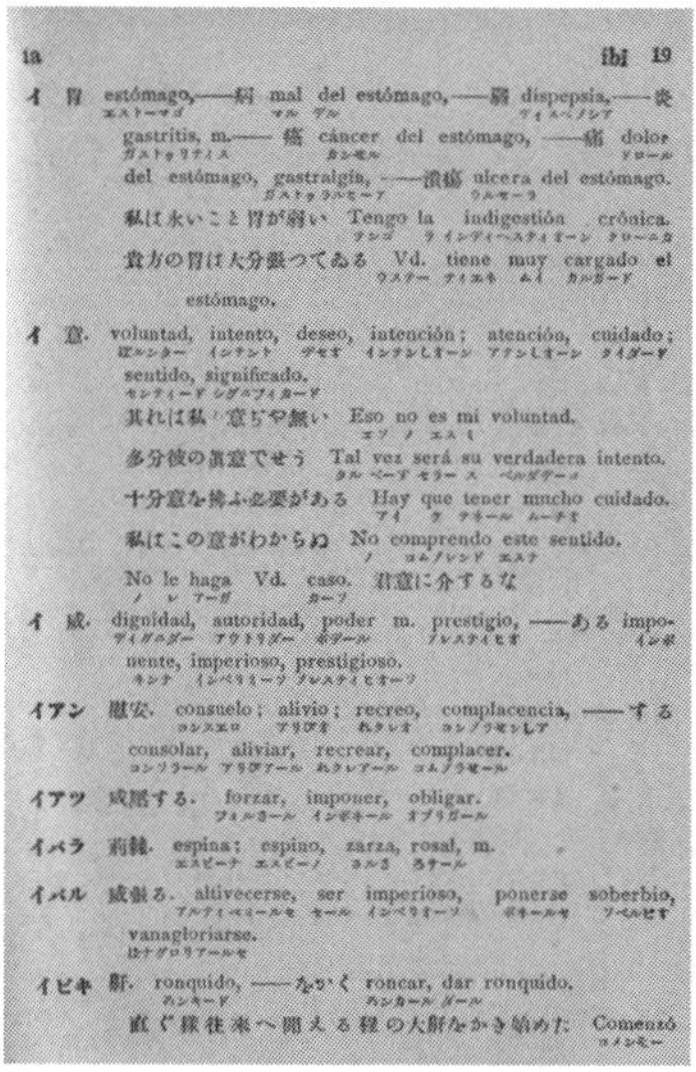
ia　ibi 19

イ　胃　estómago, ——病 mal del estómago, ——弱 dispepsia, ——炎 gastritis, m. ——癌 cáncer del estómago, ——痛 dolor del estómago, gastralgía, ——潰瘍 úlcera del estómago.

私は永いこと胃が弱い　Tengo la indigestión crónica.

貴方の胃は大分張つてゐる　Vd. tiene muy cargado el estómago.

イ　意.　voluntad, intento, deseo, intención; atención, cuidado; sentido, significado.

其れは私の意ぢや無い　Eso no es mi voluntad.

多分彼の眞意でせう　Tal vez será su verdadera intento.

十分意を拂ふ必要がある　Hay que tener mucho cuidado.

私はこの意がわからぬ　No comprendo este sentido.

No le haga Vd. caso. 君意に介するな

イ　威.　dignidad, autoridad, poder m. prestigio, ——ある imponente, imperioso, prestigioso.

イアン　慰安.　consuelo; alivio; recreo, complacencia, ——する consolar, aliviar, recrear, complacer.

イアツ　威壓する.　forzar, imponer, obligar.

イバラ　荊棘.　espina; espino, zarza, rosal, m.

イバル　威張る.　altivecerse, ser imperioso, ponerse soberbio, vanagloriarse.

イビキ　鼾.　ronquido, ——をかく roncar, dar ronquido.

直ぐ線往来へ聞える程の大鼾をかき始めた　Comenzó

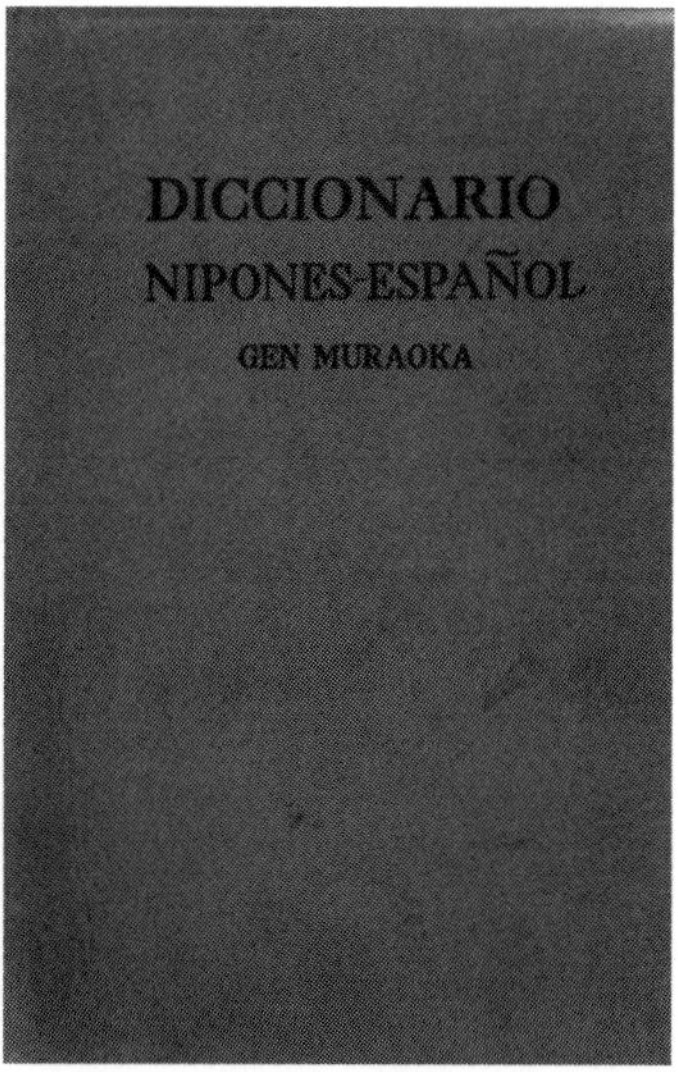

発行・五八一頁が刊行された。筆者が入手した昭和十二年三月第六版の辞典には、Espero que seremos amigos とペンで書き込みがある。

明治四十一年から始めて十有余年の歳月がかかっている。スペイン語は中南米に「輸出用」のための語学の性質を持っていたので、先ず会話書と和西辞典が発行されたのであろう。スペイン語の題名は *Diccionario Niponés-Español* である。あいうえお順ではなく、いろは順で引くので、現在の私たちには使いにくいところもあるが、当時の国語辞書『言海』もいろは順であることから、いろは音引きがまだ主流であったのであろう。

凡例に、いろは順に類別し、各部の見出し語は片仮名にして、その配列をアルファベット順にしたのは、主として所要語の検索に使いやすいようにする為で、本書の新しい試みの一つである、と記している。

この辞書の「はしがき」を見てみよう。

「和西辞典は、スペイン語を学び又は日常之れを必要とする日本人にとつてのスペイン語辞典（筆者注・スペインは強調のためゴシック体となっている）であり、西和辞典は同じ意味に於いての日本語辞典であらねばならぬといふが、自分が平生懐抱する『辞典』に就いての理想である。この理想の一端を実現せんと試みたのが和西大辞典であるが、その出版には相当の時日を必要缺くべからざる日常語を輯め、未だ何れの外国語に通せざる人々にも、耳に聞く音によって、自由に迅速に、所要語を検出し、直ちに之れが利用し得るやう、フリ仮名を以て各語の発音を示したのが本書である。

只小冊子、包含する語数には限りあれど、死語、古語（スペイン語）は之を省き、補ふに広く南米諸国に於て一般化されたる新語を以てせる故、説明的和西辞典に見る如き冗漫なる語無く、内容は集約的にして、然も詞の豊富なるは、十分一般人士の実用に資する所あるを信ずるものなり」

村岡玄

三　『西和辞典』の刊行

村岡の代表的な功績は『西和辞典』の編纂である。昭和二年六月二十日初版発行で東京西班牙語学会刊行とあり、定価六円五十銭、発行記念の特価が五円五十銭であった。総頁は八二〇頁、一七cm×一二cmの判である。発行所は東京西班牙語学会とあるが、村岡が創立した個人の組織で自費出版である。序は、文学博士村上直次郎が識している。その中で村岡の辞書について、こう推薦のことばを記している。

「村岡玄君は明治四十三年東京外国語学校の西語学科を卒業されて以来、専心イスパニヤ語の研究に従事していられる我国有数の西語学者であつて、イスパニヤ語学習者の為に西班牙語会話文法、独習西班牙語全解、いろは音引和西会話辞典を著され、今又西和辞典を公にさるるに到つた。辞書編纂は非常な難事業であるが、同君は多年一日の如く熱心にして倦むことなく、此辞典を完成されたのみならず、其印刷も亦自費を以てされたといふことで、其の篤学で勤勉なことは実に敬服に堪へず、ここに一言を述べて本書の発刊を祝し大に之を推奨するのである。昭和二年六月六日」

後に、昭和十二年六月に増補版、昭和二十四年五月に増補二版、昭和二十七年四月に増補三版、昭和三十一年八月に新増補第一版、昭和三十二年四月に新増補第二版が発行されている。大東亜戦争をはさんで三十年の長きあいだにわたり活躍した辞書である。昭和二十四年に白水社、さらに昭和三十一年日本出版貿易によりあわせて四回の増補版が発行されている。最後の新増補は昭和三十二年四月である。頁数千百二十、語数十数万語にもなっている。

昭和十二年盛夏に一万余語をあつめた第二増補を刊行したはしがきには、かなりの広範多岐にわたる読書、専門研究にも不便のないだけの詞は収録してあるが、尚別に diyodohidroximercuriofluoresceina メルクエリトゥロシン（フルメヨヂン）の如き専門的長綴語を収めた、とあるように豪語している。さらに、この増補と同数或いは以上の学術語を主とした第三増補を刊行するとある。昭和二十九年冬、新増補版のはしがきには他者を寄せつけない悲痛さえ感じられる文がある。

「重版には新語増補をつける筈であったが、つい遅れてしまった。戦災で第三増補原稿を焼き、参考書も失ったので、心ならずも追加出来なかった。この増補は教文館を介して先年入手したスペイン語書と一九五四年十月までに読んだ刊行物の中で、西和辞典に適訳のなかったものを輯めた。科学用語の尠いことは自分も痛感して居ったが、漸く勉強して自信を得たから、之れも収録し且つ闘牛に関する用語一万八千余を加えて第三増補を近く刊行する。我が国で邦訳された「血と砂」では diestro 親方、espada を太刀取りと訳しているが、闘牛士のほこりをきずつけるものだ。自分は決してかような邦訳は付けない。西和辞典は旧版と雖も、その内容は短命なものではない。唯増補は不便だが、オフセット印刷の為やむを得ず追加して行く。スペイン語を必要とされる方は、所要語を、西和辞典に、第一、第二増補に、西和熟語慣用句辞典に、そしてこの臨時増補中に求められると、必ず適訳を見出すことが出来る。既に完成した原稿を死蔵して来て多年、貧乏で刊行の運びとならなかった和西大辞典も一大修正を加えた。どうにか刊行したい」

昭和三十二年（一九五七年四月）の恐らく最後の新増補第二版発行の新語増補付き刊行に際しては、昭和三十一年初夏上毛の寒村にて、と記したはしがきには次のようにある。

「西和辞典も版を重ねること二十余版。いく度か新語を補い来て、ここに第四増補を加えることとなり、総語数は十数万語、対訳辞典としてこれに及ぶものはない。スペイン語の勉強も、最近とみに盛んになり、自然諸雑誌の新語、小説等に散見される俗語、隠語、秘語、通語、またタンゴなどに見られる詞も知る必要に迫られる。俗語、隠語、秘語、通語の多くは、正則の意義を有つエスパニア語の転用されたものである。日本語中にも近古を問わず、これらにピッタリ適合する equivalencia の対訳語が無いでもないが、ショバ、アテコミ、ウキス、ウワ師、カモ、蛸配、チンピラ、クリ、ゴロマク等々、よく人に知られているものは別として、多くは一般人士には通ぜぬものである。故に第二、第三輯にはequivalencia の対訳語も付すると共に、俗語、隠語、通語として使用さるる場合の意味を示した。Lunfardismo も輯めて収録したが、未だ研究の足らぬ貂もあり、その完成を他日に期する」

一九五六年初夏　上毛の寒村にて　村岡玄

この第四増補は、第一輯には術語・新語・中南米語、第二輯には隠語・俗語、第三輯は秘語・通語の三二〇頁が加えられた。予定していた闘牛に関する用語一万五千は近く刊行の「闘牛」の巻末に付加することにしている。村岡は齢七十になっても、まだ辞書編纂に厭くことなく己の道を邁進している。驚嘆すべき精神力である。編者村岡の基本的態度は「いやしくもイスパニア語の文献に現れたる単語は、目にふれた言葉は一切あますことなく、ことごとくこれを収載する」という、見事なものである。

村岡は大正期をかけて西和辞典の編纂に力を注ぎ、昭和に入って元年は一週間で終わり昭和二年の六月に待望の『西和辞典』を刊行させた。初めての辞典らしい辞典である。濃緑の表紙に鮮やかな朱色の文字が入ったスマートな装丁であり、九〇年経った今でも私の所有する一冊は色褪せてない。

この最初の西和辞典について、東京外国語学校昭和六年卒業の花村哲夫は、小林英夫編『私の辞書』所収（丸善、昭和四十八年）のなかで、こう述べている。

「スペイン語の辞書として最初に出たのは昭和二年の村岡玄編『西和辞典』でスペイン語の研究が現在ほど盛んでなく、スペイン語がロマンス語系の言語であり、その使用範囲が本国は勿論、中南米にも及んでいることなど、大多数の人には殆ど認識されていない時代に、自費出版されたものである。現在の我々から見て不備の点は多々あるものの、なかなか立派なものであった。（中略）労のみ多く経済的に恵まれていない困難な仕事をなしとげた著者の、スペイン語に対する深き愛情に対して、私は深い敬意をこの紙上を借りて表明して置く」

さらに、同じく昭和六年卒業の高橋正武は、『NHKスペイン語入門』昭和四五年十二月号、辞書雑記のなかで村岡西和辞典のことと題して回想している。

「昭和二年の春、東京外語の西語部というのに入学した三十名あたりの者は、スペイン語関係の辞典も参考書も市販されていなく、教科書らしいものすらないことを知って驚いた。そして、ある日、彼らは一ツ橋のバラック建ての教室に配られたチラシを見た、それには、近々すばらしい西和辞典が出るから、ほかの辞書を買い急ぐな、という意味のことが書いてあった。これがわれわれの親しく呼んだ「村岡さんの西和辞典」で、正式の発行日付は昭和二年六月二十日、発行所は『いろは音引和西辞典』と同じ東京西班牙語学会、定価は六円五十銭だが、発行記念の特価が五円五十銭、自費出版である。でも、学生の分際では、安い本ではなかった。それだけ出すくらいなら、ヨーロッパ版の西々辞典を買うというつむじ曲がりもいたかも知れないが、結局は使いこなせないで日本人の為に日本人が著したるものに屈しざるをえなかっただろう、学生のうちには、それを求めるため、わざわざ東京市外中野にあった発行所を訪ねて、おまけに著者からほかの参考書などをもらって来るものもいた」

さらに、高橋の昭和二年十二月四日の日記には、

「村岡の辞書を買いに私宅に行った。氏は丁度外出前、奥さんらしい人と子息らしい人が縁がわに出て、靴の紐を結んで居る氏を見ている時だった。若い事務家らしい人、愛想のよい人だった。もう特価のはありませんよ、などと第一に聞かされた。特価のがなくても、それにして貰はうと思って居たのに、初めから頭を圧へつけられた様な気がして、言ひ出す気になれなかった。幸ひ特価のが一冊あって、呉れた」

六月に発行され、半年経った十二月に高橋は買い求めたのだ。さらに辞書雑記に戻ると、

「当時村岡氏は中野桃園町、小生らは上高田の日新寮だから歩いて二、三十分。村岡西和は六月頃に出たのだが、つむじ曲がりの小生は、皆が買うので、わざわざ、同じ位の値段のラルースを買った。金沢先生に相談したら、分かりませんよ、という。そこで意地を張って三才社でラルースを買ったわけ。処が金沢先生のおっしゃる通り一年生の小生には分からなかった、使い切れなかった。そこで、兜を脱いで村岡さんのお宅に出向いたわけ。村岡さんに会ったのは、一生にこの時だけのはず」

と、村岡の辞書との出会いを記している。

さて、その村岡の辞書は濃暗緑色のクロース表紙に朱色で *DICCIONARIO DE LA LENGUA ESPAÑOLA*, GEN MURAOKA と、今でも当時発行されたままの鮮やかさがある。三方の小口も朱色染め、背にも同じで西和辞典とだけ清楚な感じである。包含する語数は既刊の類書に数倍し、この内容からいっても、また体裁、大きさ、はじめて本格的な西和辞典が現れたといってよいだろう。昭和以後、日本人でスペイン語を勉強する人、スペイン語関係の仕

事をする人で、この本の恩恵を受けなかった人はいないはずである。村岡はその後もつぎつぎと増補を加える努力を続け四回の増補で総頁千百二十、いやしくもイスパニア語の文献にあらわれたる単語は、目にふれた言葉は、一切あますことなく、ことごとくかつこれを収載するというのが、著者の基本的な編集態度である。だから、その収録語数では、既刊の類書ばかりでなく、現在でもなお、これを凌ぐ類書は出ていない。一九九〇年に刊行された小学館『西和中辞典』は見出し語四万五千（収録語数六万七千）である。辞典としてはある程度まで熟語慣用句を収めるのが辞典としての条件の一つであるが、スペイン語の慣用句は数万に達し辞典のなかに編集し尽くすことは到底不可能であるため、村岡はその欠を補うためというより、恐らく当初からの意図と思われるが『西和熟語慣用句辞典』を昭和四年一月に刊行している。はしがきで、こう述べている。

「作夏西和辞典を刊行し、つづいて独修西班牙語全解第三巻を著し、今茲に西和熟語慣用句辞典を公にするを得た。ついで発行すべき和西辞典も、既に原稿の整理を了り余すところ全般に亘る補遺訂正にすぎないが、資に乏しい自分は、引つづき二辞典の刊行にて半銭の貯えもなく、従つて和西辞典は直ちに之れを印刷に附することが出来ぬ。西和、熟語慣用句、和西の三辞典は車の両輪の如く、その何れの一つとも欠き難いものである。されば小冊子ながら既刊のいろは和西会話辞典を利用して、近き和西辞典の刊行を待たれたい。

今回郷里へ帰農して、充分読書研究を重ね、エスパニア語を必要とする同胞諸君並びに日本語を必要とするエスパニア語国の人々の為に、名実共にあざむかぬ和西辞典を刊行して邦家の為以て新大陸国民との親交増進に資せんと思ふ。昭和三年冬　東京にて　村岡玄」

東京を離れて、ひたすら和西辞典やスペイン語の教科書『独習西班牙語全解』など語学書の編集に献身されていたものと思われる。ほとんど教職に就くこともなく、文字通り野にあって独自の通を独歩している。和西辞典の刊行は機会あるたびに表明されているのだが、原稿すら完成を見ていると言われながら、『西和辞典』と『西和熟語慣用句辞典』の刊行にて半銭の貯えもなく、とはしがきに見えるのは、悲痛な叫びである。

東京外国語学校昭和三年卒業の松井浩は、『東京外語スペイン語部八十年史』（昭和五十四年）のなかで、編集委員の河村功に送った手紙には次のように記している。

「この先輩は金が続かなかったからか、財産を失ってしまったからか、彼自慢の和西大辞典は何処までやったか、他界される間際のことは詳細にはわかりませんが、私の見誤りか、若し話題に上がらないとすれば、惜しいことだと思います。この先輩は自尊心が強過ぎたと申しますか、世間を知らな過ぎたと申しますか、協力者も現れず、業半ばにして片田舎群馬県世良田村（筆者注・現在の群馬県太田市世良田）に淋しく晩年を終わったのではあるまいかと思うと一層淋しくなります。昭和の初期辞典編纂の傍ら、群馬の片田舎で海外発展を目指す若者を集めようと、スペイン語学校を創設したが、これも五年余りで消えてしまった」

村岡は晩年の昭和三十六年清泉女子大学にスペイン語スペイン文学科を設置するときに、設置要員として協力されたのが最後である。しかし、後輩の佐久間正教授とうまくいかず退いたようであったと、後にある先生から私は伺ったことがある。

村岡玄のことが気になっていた私は、世良田村から調べていけば何か手掛かりが得られるかと思い、群馬県太田市教育部文化財課に尋ねてみた。幸いにも、『尾島町全町史跡公園化整備計画書』平成二年三月発行から、「イスパニア学校跡・二百本の樹木を有す村岡ひろ氏宅がその跡で、村岡家の先代はスペイン語辞書を独力で編むとともに、スペイン（イスパニア）理解の学校を開いた」とある。そこで、この計画書の執筆に携わった小此木實次氏を紹介頂き、小此木氏に詳しいことを伺うことができた。

昭和三十年代に村岡玄に会ったことがある小此木氏は、当時世良田村役場に勤務しており、村岡は自分で栽培したイチゴを役場にしばしば持参したそうである。また、イスパニア学校はピンクの屋根の校舎でスペイン語の授業やタイプライターの実務があったようだ。東京駒場にあった海外植民学校を真似た南米雄飛を目指した民間学校であった。しかし、戦時色が濃くなり、ピンク色の屋根は空襲爆撃の標的になるなどの理由から取り壊された。近くに中島飛行機の工場があったことも起因するのだろう。昭和三十年代まで建物の基礎が残っており、タイプライターや辞書などが教室にあった、と小此木氏は回想されている。文化財課には、森戸の印が押された『独修西班牙語全程』大正七年八月発行のテキストが所蔵されている。これもイスパニア学校で使われたものであろう。

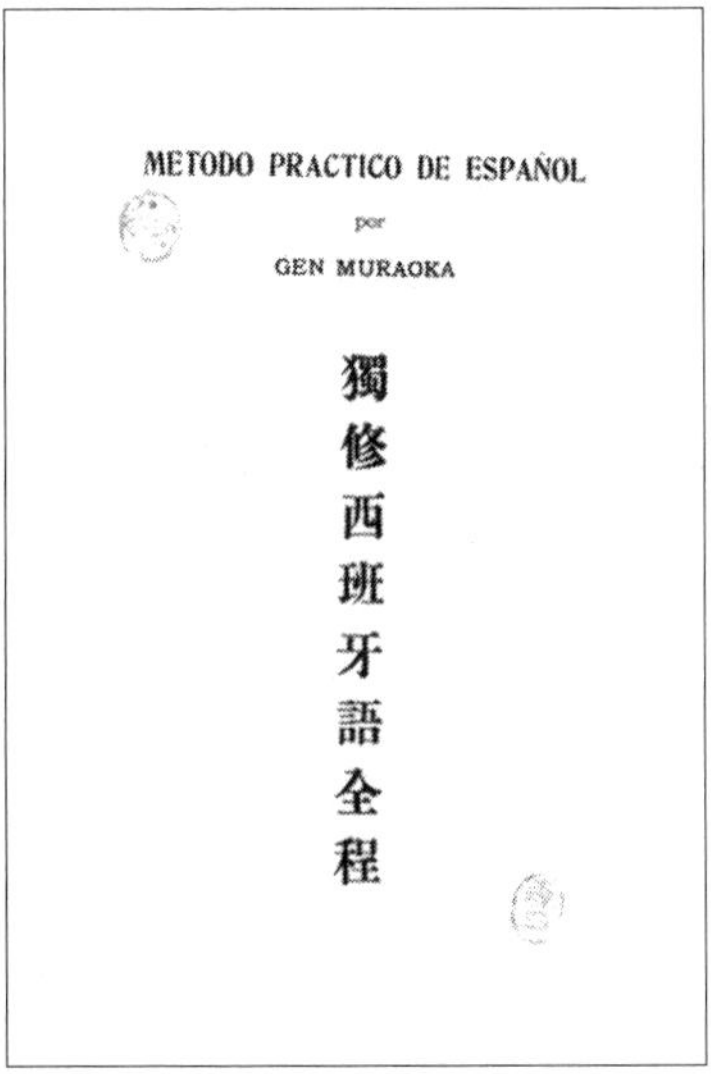

昭和四年に村岡は、『新大陸発見・愛国的海外発展思想鼓吹』九九頁を東京西班牙語学会から出していることから、殖民にも関心があったことが分かる。また、『西和辞典』の奥付の裏頁に近刊予告があり、その中に「エスパニア語國」第一地理、第二歴史と記されていること、さらに『和西会話辞典』奥付の裏頁に「行け南米へ　学べエスパニア語を」とあるように中南米殖民を想定したことも読み取れる。

四　文法書と地名辞典

辞書作りを使命としていた村岡は、昭和十五年五月『新エスパニア語文典　完』を大観堂書店と東京西班牙語学会の共同で発行している。二六四頁からなるこの文法書は、『改訂エスパニア語文典』がいささか時代にそぐわなくなったことにより、説明を詳細にして文法の要項を把握できるようにしたものだ。三頁には、「我が国で欧州大戦後、中南米諸国と貿易植民が漸く盛になつたのに伴つて、之れが学修研究者の数も増加し、現在にあつてはエスパニア語に精通されている方も多数あり且つ妙齢の婦人にてエスパニア語を学ばれる方の益々多くなるのは国家の為慶賀に堪えないところである。東亜永遠の平和確立もやがて実現されんとする際、エスパニア語の学修研究の益々必要の度を加へ来たつたことは忘れてはならぬのである」という文が目に止まる。

その内容を見るとなかなかしっかりしたものだ。第一編は発音と表記法、第二編は品詞論、第三編は構文論のようになっている。動詞のところで、中世スペイン語の動詞の二人称複数形について説明があったり、作文は返信料添付して送付すれば添削説明を付けて返送するといったものもある。

直説法、接続法そして Modo potencial は可能法と思われるが日本語訳はない。用語では補助詞という風変わりな説明もある。書中で邦語対訳『西和辞典』や『日西辞典』を批判している文も見受けられる。また慣用句については、酒井市郎著『西和辞典』、金沢一郎先生校閲『西和辞典』および村岡自身の『西和辞典』の三辞典の比較を行い、いかに自分の辞典が優れているかを示しているところもある。

昭和十七年十二月には地名辞典を大観堂から発行している。正式の題名は『西・葡・墨・比・伯・ドミニカ・ハイティー中南米地名辞典』である。娘の村岡恭子との編で七四七頁あり、小さい村までを含んだ広大な地域の地名、山や川の名をあげて産物、人口など説明を加えた辞典である。そのはしがきには、父の著述の校正を読むことからエスパニア語を覚えはじめ、極めて変則な途をたどり、「日本中南米輸出入組合連合会」東京支所に勤め、中南米諸国の地名に接する毎に、どんな所、どんな都市かと、簡単にも知り度いと思ふことが度々あります。中南米諸国の地名を輯めて一冊の本としたならば、この方面の貿易に関係の方ばかりか、一般の方にも亦便利ではなかろうかと考へ、先年父と在京当時に輯めた旧稿のあるのに気づき、余暇を利用

して之等諸国の最近のアヌアリオと *Revista Geográfica Americana* 等を参考にして、加筆訂正したものが本書であります、と健気な父親を思う娘の気持ちが現れている。

日本におけるスペイン語界の至宝とまで称された村岡玄の畢生の労作は『西和辞典』である。スペイン語辞典の礎を作った村岡に敬意の念を表わさずにはいられない。和西辞典の刊行に至らなかったことは返す返すも残念である。ただ昭和十二年発行の『西和辞典』の村岡玄著の案内の最後の頁に「人名・地名辞典」五五五頁のUの項目と、「和西辞典」の一七〇五頁「子宮と至急」の項目が見本として掲載されていることから、すでに印刷も進んでいたのであろう。

先に触れたように東京外国語学校卒業生の回想には、村岡玄は自尊心が強すぎたとか、世間を知らなすぎるとあり、また、中川清氏も「西和辞典の周辺」(『敬愛大学国際研究』第六号・二〇〇〇年)のなかで、村岡が東京外国語学校を去ることになった背景には、こうした彼の性格が影響していたのかもしれない。ともあれ、村岡玄という人物は、どこか斜に構えたところがあったようである、と述べている。そうであるかもしれないと私も思うところがある。村上直次郎教授に可愛がられたが、村上の後、篠田賢易、金沢一郎、永田寛定らの東京外国語学校西班牙語科教官とも折り合いが悪かったのかもしれない。確かに、村岡の辞書や文法書の序文は村上直次郎教授かエスパダ教授が記している。また、村岡は自著の文法書のなかでも金沢一郎や酒井市郎の辞書の不備を論《あげつら》ったり、永田が訳した小説『血と砂』の訳語を不適切であると公言している。

大東亜戦争の後、昭和二十八年、村岡農夫也《のぶや》のペンネームで『非実用生きたスペイン語会話壱』を東京西班牙語学会から発行している。まえがきには、「ド偉い先生が我が魂を打ち込んで書かれた会話本中いろいろ迷訳がある」とあり、さらに「出鱈目文句や役に立たない例だけの対訳会話本が多数販売されている」と母校のスペイン語科の教授たちに対抗した村岡の態度が最後の書のなかから覗える。いつも上毛の寒村と記しているのは、生まれ故郷の群馬県世良田村のことである。素封家に育った村岡は、東京外国語学校を卒業して母校に一時奉職したが、母校と決別して東京西班牙語学会を独力で設立し辞書編纂と教科書などを作成して日本のスペイン語界に貢献したのは確かである。昭和二十八年に刊行した書は村岡の晩年に近いものとされていて、その後亡くなったと思われている。しかし、郷里の群馬県太田市世良田の小此木實次氏から、村岡家の霊璽を知らされて驚いた。「故村岡玄翁大人之命霊　昭和五十一年三月

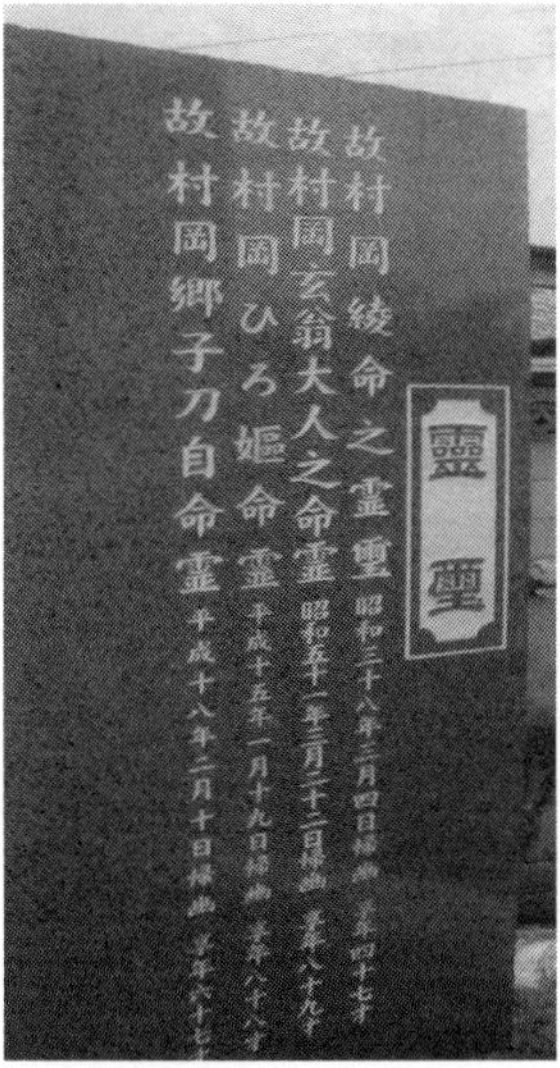

二十二日帰幽　享年八十九歳」である。昭和三十年代に郷里に戻り、イチゴ栽培に取り組み熟したイチゴを村役場に届けるなど、親切な一面もあることが分かる。六十歳をすぎてから亡くなるまでの三十年弱を世良田村で恐らくスペイン語を忘れて過ごしたのは幸せだったのであろう。

第二章　昭和戦前のスペイン語学習書

一　スペイン語を開講した学校

昭和戦前の時期におけるスペイン語学習書について上げておきたい。当時のスペイン語学習の主な目的のひとつは、昭和に入って漸増してきた中南米貿易への対応である。さらに官立の高等商業学校においてスペイン語が開講されたことである。中村謹二先生（昭和三年東京外国語学校卒業）が戦前にスペイン語を教えた高岡高等商業学校では、昭和五年にスペイン語の開講を次のように謳っている。「商業教育に対する時代の要求として、当時の海外発展という国策に順応するため、海外経済事情を必須科目とし、南米への進出を想定しスペイン語を増設、その他科目全般にわたる改正を計画」のように、当時、中南米諸国は日本が貿易を試みる新市場としての国策が進もうとしていた。また、中南米諸国への移民が最も盛んな時期でもあり、昭和四年には横浜高等商業学校では殖民別科が設けられている。

スペイン語の開講を年度順にあげると、東京高商（明治二四年・一八九一）ではすでに明治期に開講され、続いて神戸高商（明治四十二年・一九〇九）、横浜（昭和四年・一九二九）、高岡（昭和五年・一九三〇）、小樽（昭和十一年・一九三六）、山口（昭和十三年・一九三八）の官立高等商業学校で開講され、何れも中南米諸国への移民あるいは貿易を念頭においての語学学習であった。長崎、高松、和歌山の高等商業学校でも開講の動きはあったようである。和歌山については、大正十四年東京外国語学校を卒業した玉木勝夫が新設の和歌山高等商業学校に長屋東京外国語学校長の推挙があるも断り、南米に活路を見出した。

高等商業以外では、宇都宮高等農林学校（昭和五年・一九三〇）がある。学校とは異なるが国立神戸移民収容所（昭和三年・一九二八）。私立では拓殖大学（大正八年頃・一九一九頃）、天理外国語学校（大正十五年・一九二六）、昭和初期の横浜外国語学校などがある。

このほかに移住・移民を目的にした拓殖、殖民、貿易学校などでスペイン語が学習されている。日本力行会海外学校（力行会は明治三十年設立、海外学校は大正十二年開校・一九二三）、日本植民協会横浜移民講習所（大正五年移設）、海外植民学校（大正七年設立・一九一八）、上智大学外語専修学校植民科（昭和四年創設・一九二九）、国士舘高等拓殖学校（昭和五年設立・一九三〇、昭和七年に日本高等拓殖学校に改名）、広島海外学校（昭和七年設立・一九三二）などがあった。また、海外における植民地経営投資に対する取扱い代理店として海外興行株式会社、鐘紡本社内に南米拓殖株式会社。出版社としては、海外社、海外之日本社、日本植民通信社が移民関係の書籍や雑誌を発行していた。かつて筆者は、ブラジルサンパウロ市に本部がある日伯文化連盟事務局長の花田ルイス正行氏が訪日した折、花田氏と共に日伯中央協会、国士舘、鐘紡を表敬訪問したことがあった。花田氏が語るところによれば、これらの機関はアマゾン開拓に苦難を乗り越え尽力した組織であったという。私事になるが、親族の一人が、かつてこの地域の日本人小学校に赴任したことがあった。

第一次世界大戦から昭和初期にかけての時代は全国的に学生運動が盛んな時期であり、昭和四年（一九二九）に始まる世界大恐慌が日本にも波及し不況と就職難が深刻化したことが運動を激化させた。就職難から海外に飛躍する者もいて、スペイン語は貿易と商業を中心とする実業界に進出していった。笠井鎮夫（大正八年東京外国語学校卒業）『西班牙語四週間』（大学書林・昭和八年）、佐藤久平（大正五年東京外国語学校卒業）『スペイン語第一歩』（白水社・昭和九年）が刊行された頃からスペイン語の入門書がさらに出版されるようになり、昭和十年頃から大東亜戦争の間まで東京外国語学校西班牙語科出身の人たちが現れかなりの活況を呈した。

二　スペイン語学習書さまざま

こうした時期に出版されたスペイン語の学習書並びに教科書には次のようなものがある。発行年代順、著者別にあげる。酒井市郎と太田兼四郎の著書もこの時期に発行されているが、先にあげたのでここでは割愛する。

①大島政志『西班牙語独習書』春陽堂教育図書出版・昭和五年七月、三〇〇頁。大島政志『西班牙語商業文研究』春陽堂教育図書出版部・昭和六年五月、二一九頁。大島は大正十三年東京外国語学校を卒業し、横浜税関に勤務された。職務上から『最新輸出入品分類表』春陽堂、昭和十七年を著している。また横浜外国語学校でスペイン語の講師を務めた。商業スペイン語のテキストは大島の書が最初である。序文は恩師の金沢一郎が認めている。出版にあたっては大蘆嘉三郎（明治四五年東京外国語学校卒業・太平洋貿易株式会社支配人）が援助したようである。偶々、私は昭和五十年代に大島政志氏と仕事の関係で何度かお会いしたことがあり、実直な人柄に接した思いがある。上に大島の著書の表紙をあげておく。

②笠井鎮夫『西班牙語四週間』大学書林、昭和八年十月。『実用西班牙語会話』大学書林、昭和十一年三月。『西班牙語文法要覧』大学書林、昭和十一年。『現代西班牙語読本』大学書林、昭和十二年五月。『新選西班牙語商業通信』外語学院出版部、昭

和十三年十二月、戦後になり第三書房より再版されている。『基礎西班牙語』大学書林、昭和十三年。

　大学書林が刊行した『西班牙語四週間』と『基礎西班牙語』の二冊の書は、広く一般の学習者にスペイン語の初歩学習のよき手引き書であった。著者は戦後の昭和三十一年十一月内容を全面的に改稿した『スペイン語四週間』と書名をカタカナにして発行されたこの本はスペイン語独習書として多くの人に愛され、スペイン語の普及に寄与した。最近まで版を重ねたロングセラーであった。

『西班牙語入門』三省堂語学入門叢書、昭和十五年。『実用西班牙語読本』外語学院出版部、昭和十六年。『比律賓語要訣』（日本語・西班牙語・タガログ語）、大東亜共栄圏会話叢書、外語学院出版部・三千部、昭和十七年。戦後、東京外事専門学校にはフィリピン語科が新設されたが数年で閉鎖。笠井はこのテキストでスペイン語とタガログ語を講義した。
　永田寛定は自著『イスパニヤ語―文法とその活用―』（白水社・昭和三十年）のはしがきに、「笠井の『西班牙語四週間』はイスパニヤ語の研究を音声学的基礎の上に確立したもので、この書によって初めて、イスパニヤ語学も、他の語学並みに、学問と称しうるに至ったのである。

すなわち、昭和八年以来、日本でイスパニヤ語を学ぼうとする者はこの書以上の指針をもたなかったことを意味する」のように、わが国のスペイン語学に対して大きな貢献をもたらしたことを謳っている。

『スペイン語四週間』を凌ぐ『やさしいスペイン語会話文法五週間』（開拓社、昭和三十八年）が大林多吉（大正十四年東京外国語学校卒業）により発行されたが、内容的には笠井の四週間には及ばなかったようだ。

③佐藤久平『スペイン語第一歩』白水社、昭和九年十二月、一五五頁、二二cm。スペイン語のタイトルは *Elementos de español* であり、この本は白水社の外国語第一歩シリーズ、イタリー語、ロシヤ語、ラテン語、フランス語、ドイツ語、スペイン語の一冊として、学生および一般人向けに編まれたのであろう。昭和十六年に六刷、戦後昭和二十三年に七刷、その後昭和二十八年まで刷られた。西班牙語入門叢書第一篇であり、続いて第二篇『標準スペイン語会話』が同じく白水社から昭和十三年に発行された。

佐藤は大正五年東京外国語学校西班牙語科卒業後に葡萄牙語科に聴講。大正七年前期のみ海外植民学校でスペイン語を教え、大正十一年神戸高等商業学校に着任、大正十四年には大阪外国語学校教授に就任。主任教授として佐藤は活躍した。

昭和三十年に大阪外国語大学に入学した中岡省次先生は、一年次に佐藤の「イスパニア語の

発音の手引き」（大正七年発行）をテキストとして使われたようである。『スペイン語第一歩』のなかでも触れているように、佐藤は戦前にスペインに留学して発音学の権威ナバロ・トマース教授に指導を仰ぎ、その研究成果を自著に取り入れている。

④医博前田正文編『洋行会話西班牙語』南山堂書店、昭和九年一月、一〇〇頁。正文は前田政四郎の長男で京都大学に学んだ。『医事フランス語入門』白水社がある。

⑤高橋正武（昭和六年東京外国語学校卒業）『西班牙語文法読本』白水社、昭和十年三月。日本版西班牙語読本として最初の教科書用のものである、と校閲者の永田寛定は記している。『簡易西班牙語会話』文求堂書店、昭和十三年。

⑥大橋千次郎・前関西大学講師　バチラーオブアーツ『最も平易な和英対訳スペイン語会話』昭和十年四月、文友堂、八三頁。

⑦神戸ＹＭＣＡ編『西班牙語法　１』Ａ４判、三一頁、昭和十三年。このテキストは講習会のために編集されたもので、講師に坂本静雄が当たったようだ。坂本は神戸高商でスペイン語を教えながら、大阪と神戸のＹＭＣＡでの講習会でスペイン語を教授した。大阪ＹＭＣＡでは昭和九年海外協会が設立され本格的に海外移民運動に取り組むようになり、また、神戸ＹＭＣＡでは大正六年に青年会商業学校が開校して英語のほかにスペイン語も教えられたようだ。

⑧武中來『新聞スペイン語の読み方』タイムス社、昭和十四年七月。武中は大正八年東京外国語学校卒業、昭和四年在チリ公使館、昭和五年在キューバ領事館に勤務。帰国後、昭和十二年八月からＪＯＡＫで海外向けのスペイン語放送のアナウンサーを務めた。こうした経験から本書が生まれたのであろう。新聞スペイン語についての最初の本である。戦後、笠井鎮夫が『時事スペイン語読本』昭和三十一年・共立出版を発行している。

⑨兼松豊『西班牙語文法読本』神戸、昭和十四年、二四三頁、二〇cm。出版社は兼松豊とあるので自費出版であろう。兼松は大正六年東京外国語学校卒業。戦後、医業の傍ら神戸商科大学と神戸医大でスペイン語の講師を務め、晩年は徳島県鳴門市に住んだ。なんと江戸末期にメキシコに渡った初太郎の出身地と同じ撫養の町にいたわけである。

⑩国沢慶一編『西班牙語基礎一五〇〇語』大学書林、昭和十四年十月。『西班牙語読本第一』大学書林、昭和十六年十二月。国沢慶一（一九〇二―一九八八）は大阪外国語学校卒業後、母校の教員となった。

⑪南條忠雄『自修者の西班牙語』東京市神田区太陽堂書店発行、昭和十四年九月、二六一頁、一九cm。再版昭和十七年、三版昭和二十九年。スペイン語のタイトルは *El español para principiantes* であり、西文和訳・和文西訳・西班牙語文法からなる。

自修者とあるように単語には発音記号が付けられている点は興味深い。練習と解答も付けられている。直説法直前過去の説明をもって終わり、比較的丁寧に説明が施されていて初学者には適切な学習書であったと思われる。はしがきには、日本人の南方進出に有益になるために公刊されたと著者は記している。太陽堂の自修語学叢書の一冊として発行されたもので、叢書には英独仏露伊西馬来エスペラント語の八言語があった。

南條の名前は東京外国語学校卒業名簿に見つけることはできないが、どこでスペイン語を学んだのか興味が湧く。国内での所蔵図書館を調べると、国会図書館、大阪常磐会学園、神戸市立中央図書館、国際基督教大学図書館、滋賀県立大学図書情報センター、玉川大学教育学術情報図書館、酪農学園大学附属図書館、立正佼成会付属佼成図書館、東京藝術大学図書館等にある。

⑫金沢一郎・宮崎浩（昭和六年東京外国語学校卒業）共著『西班牙語商業文提要』三省堂、昭和十七年。実際は宮崎一人の労作で、金沢が宮崎の業績をあげるために刊行したものらしい。宮崎は、戦後になり同書を改訂して『スペイン語貿易通信文』（白水社・昭和三十一年）として発行した。

⑬進藤遠著・笠井鎮夫監修『入門西班牙語』三笠書房、昭和十七年四月、二九〇頁。第一部は基本文法、第二部に訳読と文法で構成されている。進藤は大正十一年東京外国語学校を卒業して外務省勤務、その後NHKに入局している。

⑭坂本静雄『実用スペイン語読本』青年通信社出版部、昭和十七年。大正八年東京外国語学校卒業。訳本にアララス著『フランコ将軍』昭和十七年、青年通信社出版部がある。

⑮岡田峻『明日へのエスパニア語』三省堂、昭和十七年。大正十五年東京外国語学校卒業、高松高商、横浜高商でスペイン語を教えた。戦後、『スペイン語全解』（笠井出版印刷社、昭和二十五年）という本を著している。

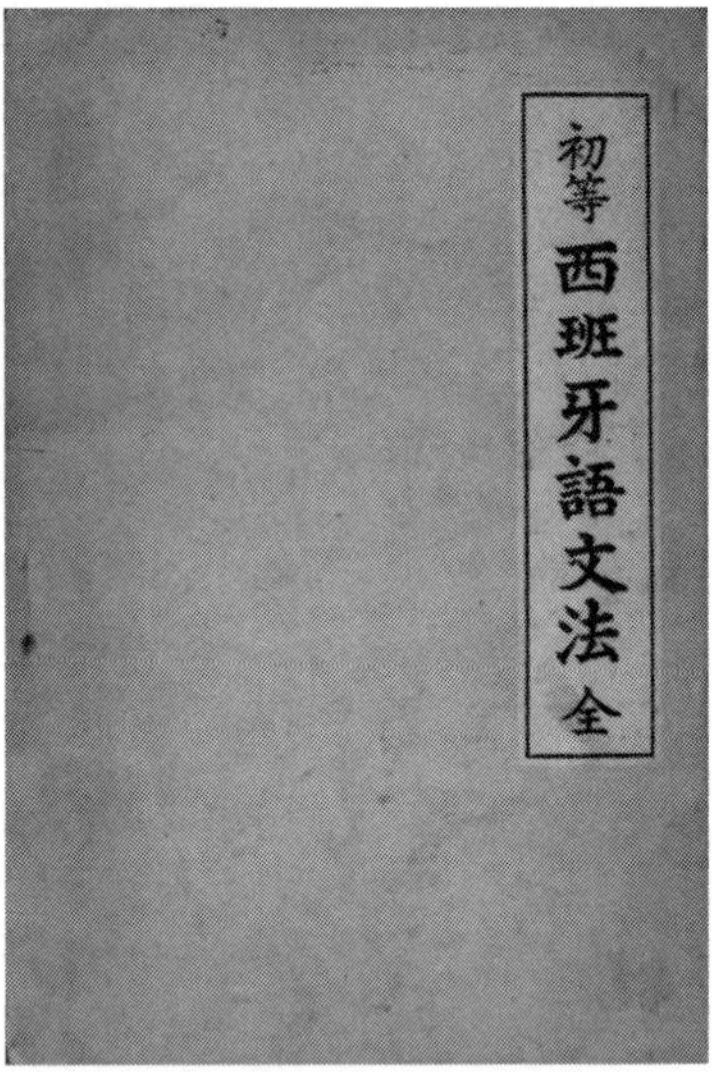

⑯大野肇『初等西班牙語文法 全』大野研究所発行、昭和十七年十一月、六四頁。本書は、東京都渋谷区にあった大野肇の私的な研究所が発行したもので非売品となっている。どのような経緯で発行されたのか不詳である。

⑰藤原裕正『南方西班牙語会話』（春陽堂・昭和十七年、二三二頁、一八cm。再版昭和二十九年、一五〇円）、藤原は昭和十一年東京外国語学校西班牙語部貿易科卒業。著者の実務経験から編まれた中南米のスペイン語を対象として、移民する人たちにとり実用なスペイン語会話の例文をあげている。学生向けではない。

序は元東京外国語学校教授金沢一郎が記した。藤原は当時山口高等商業学校講師で、彼の研究論考に「比島言語の遠隔と国語への適正化」『東亜経済研究』二十六巻三号、一〇三頁―一一三頁がある。

⑱清泉寮学院編『スペイン語文法読方会話』東京ドン・ボスコ社、昭和十八年六月、二〇八頁、

二二cm。

昭和十三年東京麻布三河台に清泉寮学院が設立され、エルネスティナ・ラマリョと修道女により編纂されたと思われる二年制の専門課程で使用された教科書。昭和二十年の空襲により清泉寮は全焼。このためこの教科書が残っていることが奇跡である。清泉女子大学図書館には一冊所蔵されている。

昭和十七年には、食糧不足から配給の切符制度が始まり、書籍の出版は日本出版文化協会に書籍企画届を提出して、用紙の割り当てを得なければならなかった。当然のことながら紙質は低下していた。そのような時勢の中、スペイン語の本は最後とばかり続々と出版された。昭和十六年に大学書林はスペイン語の短編集注釈付きを企画して永田寛定、笠井鎮夫、高橋正武による新書版の文学作品が十六年と十七年に八冊発行されている。文学とは別に教科書には、笠井鎮夫『標準西班牙語読本』、国沢慶一『第一西班牙語読本』、十九年に国沢慶一『第二西班牙語読本』が何れも大学書林から発行されている。昭和十九年秋以降は米軍の空襲が始まり、大学書林も白水社も出版どころではなかった。大学書林は昭和二十年にはスペイン語書籍の発行はゼロとなった。

戦後、昭和二十四年五月に大阪外国語大学としてスタートする頃に、国沢慶一著の『西班牙

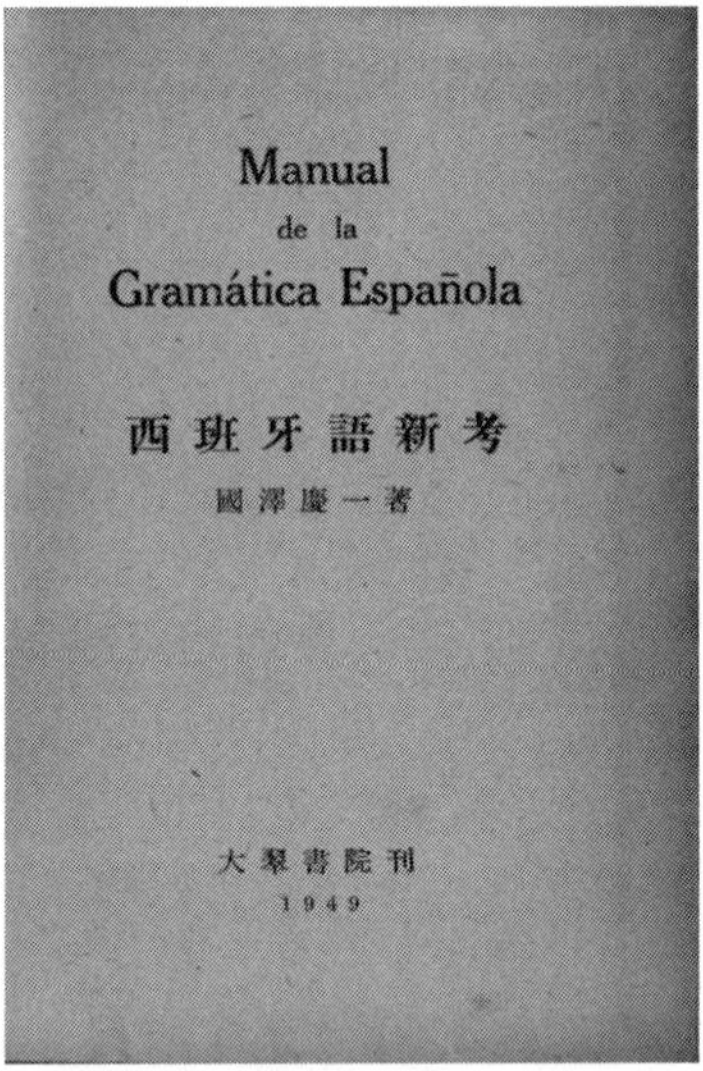

語新考』京都・大翠書院、昭和二十四年三月、二〇〇頁がある。スペイン語のタイトルは *Manual de la gramática española* である。E. House and K. Mapes, *Essentials of Spanish Grammar* をネタ本にして翻訳編集したようである。附録の発音詳説は、当時、国沢が大阪外事専門学校から京都大学文学部に出講していた時の教え子で大学院生の堀井令以知が執筆したことを私は堀井氏から伺ったことがある。印欧語の見地から九頁に及ぶスペイン語発音の解説はスペイン語だけにとどまらず広くヨーロッパの言語と比較した内容である。

本書は京都市中京区油路通三条上ルにあった大翠書院から刊行されたもので、言語叢書のうちの一冊で、英独仏西露伊希羅の八言語新考が予定されていたが、全て出版には漕ぎつけなかったようである。かつて堀井は同書院へ校正に向かうと、若かりし時の瀬戸内晴美が勤務していたことを私は堀井氏から聞いた覚えがある。

第三章　放送によるスペイン語講座の誕生・笠井鎮夫

二〇〇二年（平成十四）四月二十八日号の『よみうりウイークリー』は、フェロモン放出NHK語学講座の色気でやる気、という記事をのせている。もともとラジオから始まった外国語講座は、NHKの中でも長らく地味な番組の代表格だったし、視聴率は一％にも達せず関心も薄かったようだ。親しみやすい語学番組を目指すNHK路線は、一九九八年からテレビの語学番組の中で会話の実用性を重視してきた。海外旅行や海外出張の際に、すぐに使える基本表現に重点を置いた番組構成となっている。実効性のある番組を作り、楽しく勉強できる環境として女性タレントを起用し、誰でも簡単に覚えられすぐに使える外国語というイメージを広めているようだ。人気の筆頭は英語、次いで中国語、ハングルと続き、反面、イタリア語、フランス語、ドイツ語などは趣味で習うケースが多く視聴者も少ないのが実情らしい。

私は、大学でスペイン語を教えて三十年余りになり、語学講座にも関心を寄せているので、本章は、スペイン語に焦点をあて放送によるスペイン語講座事始めについて考察してみる。

一　放送開始と語学講座

日本の放送は、大正十四年（一九二五）三月二十二日に仮放送が始まり、七月十二日に東京放送局が本放送を始めた。その一週間後の七月二十日には岡倉由三郎を講師に迎えた「英語講座」が始まった。この講座は一九四一年十二月八日まで放送された。戦後は一九四五年九月十八日「英語会話」の番組を再開した。

第二放送の新設案は、一九二六年に日本放送協会が発足する際の事業計画に記載されており、一九三一年四月六日に第二放送が開始された。第二放送の新設で語学番組の数が増えたことは注目に値することであろう。それまで夏期だけに放送されていたドイツ語とフランス語の講座は第二放送に移動し、英語講座は三学期制の連続番組となり放送時間も拡大された。さらに九月十日からは支那語講座が始まった。一九三一年には満州事変を引き起こした日本軍は戦争の道に突入していき、一九三三年には国際連盟を脱退するなど国際的に孤立していくなかで、第二放送による語学講座の拡張は時局化と逆行するかのようであった。この時期、満州語講座も放送された。これは当時の大日本帝国の植民地主義および植民地経営の思想が底流にあったことが考えられる。

一九二五年の放送開始直後には、エスペラント語講座も短期間ではあるが放送された。

あまり知られていない講座にブラジル語があった。これは、一九三三年（昭和八）に移民のための語学講座で夏期限定、講師に移住教養所講師の中嶋文重を起用し、七月二十五日から九月九日の毎週火・木・土曜日の午前六時半から七時の三十分の放送時間であった。偶々、平成二十三年十一月に愛宕山のＮＨＫ放送博物館に伺うと、「語学番組の変遷」と題する企画展が開催されていて、当時のテキストなどを見学することができた。

愛宕山に行ったついでに、ＪＯＡＫで始まったスペイン語海外放送について記しておきたい。昭和十二年七月三十日付の『毎日新聞』の記事に「海外放送を強化、北支事変に鑑みてスペイン語も加へ」の見出しがある。南米向けの放送のため従来の英独仏語のほか新しくスペイン語

放送を隔日におこなうことになり、東京外国語学校出身の柴崎彌額爾（ミカエル・明治四十二年卒業）と武中の二名をスペイン語アナウンサーとして採用とあり、八月一日午前六時よりささやかなスペイン語によるニュースが発信された。武中とは武中來で大正八年東京外国語学校卒業後、外務省入省大正十三年在チリ公使館に勤務した。著書に『新聞スペイン語の読み方』（昭和

十四年七月、タイムス社）がある。現在ではＮＨＫラジオ第二放送でスペイン語とポルトガル語によるニュースが放送されている。

戦時期の一九四二年（昭和十七）四月に東京中央放送局国際課嘱託の進藤遠が『入門スペイン語』を三笠書房から発行している。この書には監修者の言葉に恩師笠井鎮夫の推薦の辞がある。進藤は、大正十一年（一九二二）東京外国語学校西班牙語科を卒業して、外務省に入りスペイン語を使う国々に十数年勤務。昭和十三年辞職。昭和十五年日本放送協会に入っている。後に、『ドン・キホーテ』（一―四）を訳して昭和二十八年八月河出書房から発行されている。

二　海外移住とスペイン語学習

まず、スペイン語の講座がはじまるまでの戦後の歴史をながめてみたい。一九四七年に国民経済は底をつき、インフレは国民の生活を苦しめた。一九四九年は外国貿易が連合国から許可され、教育改革すなわち新制大学が生まれた年である。旧制高等学校、専門学校、大学予科は昇格して大学に生まれ変わった。一九五〇年（昭和二十五）の朝鮮動乱は一九五三年まで続き、この頃までの引き揚げ者六二五万人で、そのうち三〇〇万人は復員者であった。

一九五三年講和条約発効、海外移住が再開しブラジルのアマゾンに向けて出発。

一九五三年外務大臣の顧問機関「海外移住懇談会」設立。一九五四年日本海外協議会連合会

設立。一九五五年外務省に移住局設立、海外移住審議会設置、さらには海外移住振興株式会社が設立された。一九五六年つまり昭和三十一年は神武景気と呼ぶ好況であった。この年、横浜移住斡旋所が設置されている。

中南米移住をみると、一九五二年に再開された戦後のわが国海外移住は年と共にその実績が上がっている。それは当時過剰人口を抱えていた日本にたいして、移住を受け入れたのが中南米の国々であった。ラジオをつうじてラテン音楽が流れ、この頃からスペイン語ブームがはじまったのである。移住者数およびその内訳を見てみると次のようである。

年別	一九五二	一九五三	一九五四	一九五五	一九五六	一九五七
渡航費貸付	五四	一四一四	二八七八	三五八五	五五八九	七三三九
自費渡航	一四四	三九九	七〇八	一五四二	七六六	六〇七

（注）渡航費貸付は日本政府による計画貸付渡航移住者である。

こうしたなか東京都広報渉外局外事部渡航移住課は、南米移住志望者および関心のある人のために、語学と移住知識の講習会を一九五八年二月一日より三月末日まで開いた。年齢、性別、学歴などは問わないが都内在住者に限っている。ブラジル語とスペイン語各五〇名で、毎

週火・木・土曜日の午後六時から九時まで（土曜日は二時から五時）講習会が開かれ、受講料は無料であった。またラテン・アメリカ経済調査会が発行する雑誌『ラテン・アメリカ』では、一九五八年一月号より原誠が担当する初等スペイン語講座と須山章担当の初等ブラジル語講座も始まった。

三　スペイン語ブームとＮＨＫスペイン語講座

かつて瓜谷良平氏が一九八九年頃に作成した「スペイン語・学習・教育・研究の歴史（関連事項）年表」を見ると、一九五六年（昭和三十一）ラジオ・スペイン語講座開始とあり、『ＮＨＫ年鑑』（一九五八年版）を見ても、昭和三十一年に語学講座はスペイン語が土・日で東京外大教授笠井鎮夫の講座が開始されたことを記している。

しかし、會田由「スペイン語教師ビックリ記」（『新潮』五四巻七号昭和三十二年七月）のなかで、「すでに四、五年前に夏、東京外大の笠井鎮夫教授がスペイン語講座を放送しているし、昨年も四月から九月までだったと思うが、やはり笠井教授が講座の放送をやっている」とあるように、昭和三十二年の四、五年前というと昭和二十七、八年である。するとスペイン語講座の開始は昭和三十一年ではなくなることになる。

そこで、わが国で発行された書籍雑誌を所蔵している国立国会図書館で調べてみると、残念ながら昭和三十二年第二巻一号からの所蔵である。確かに日本全国書誌には『NHKラジオスペイン語講座』日本放送出版協会編東京（一九五二～、二〇cm）JP00120489の番号で載っている。會田氏の言っているように一九五二年に『NHKラジオスペイン語講座』のテキストが発行されたことがわかる。しかしテキストの実物はということになりNHK放送博物館に問い合わせると、一冊だけ昭和二十七年の『ラジオスペイン語講座』のテキストが所蔵されていた（所蔵番号13879／134／22224）。こうして、昭和二十七年に初めてスペイン語講座が放送により開始されたことが証明された。その裏付けとなるものに、昭和二十七年七月から九月にかけて『週刊NHKラジオ新聞』には、第二放送の番組欄に七月九日（水）午前十一時スペイン語入門笠井鎮夫とある。しかし、この講座は連続したものではなく夏期限定のものであった。

ここでテキストを見てみると、表題は『NHKスペイン語入門』東京外国語大学教授、講師笠井鎮夫、七月九日〜九月十五日（月水金）、第二放送午前十一時から十一時十五分とある。定価は三十円であった。開講に際して、と題する一九五二年六月の日本放送協会の案内を見るとつぎのようにある。

このテキストは、このたび、夏のラジオクラブに設けられた「スペイン語入門講座」のよき伴侶として利用していただくために準備されたものです。いまや、待望の独立も実現して、日本もいよいよ国際社会へ復帰することになりました。文化の交流に、外交に、貿易に、スペイン語を語る諸国との関係も漸次、ふかまってまいりました。それに伴って、語学学習の要望が漸増してきたのも、当然のことでありましょう。この時期にあたって、「スペイン語入門講座」を開く機会をえたことは、私どもといたしましても、おおいに、嬉しく存じます。語学は、まず、正しい発音を理解し、その練習をつむことが大切で、これは、文字だけでは、なかなか習得しにくいものですが、幸い、電波を通じて、スペイン語に造詣の深い笠井鎮夫先生に御指導いただくのでありますから、このテキストと相まって、皆さまが、充分、その基礎を身につけられるよう希望いたします。

講師の略歴を見てみると、一八九五年（明治二十八）岡山県に生まれ、一九一九年（大正八）三月東京外国語学校卒業、同年四月に同校助教授となる。一九二七年（昭和二）文部省在外研究員としてスペインおよび中南米に留学し、昭和四年帰国、東京外国語学校教授となる。戦後、昭和二十四年東京外国語学校の東京外国語大学昇格と共に同大学教授となっている。著書は、すでに『スペイン語四週間』、『スペイン語入門』、『基礎スペイン語』、『新選スペイン語商業通信』、『実用スペイン語会話』、『標準スペイン語読本』などがあった。

そもそも、この講座の時間枠は第二放送のラジオクラブという番組で、清水幾太郎など学者や著名人がいろいろな話題で話す番組であったのを、夏の期間だけスペイン語講座にあてたものだ。七月九日に開講されたスペイン語講座のテキストは、三二頁からなり、はじめにスペイン語のアルファベット、発音の説明がある。一四頁の、やや開かれた母音は如何なる場合に生ずるか、という説明は注目すべきものである。この説明は笠井の『スペイン語四週間』にもあるが、他の著書にはみあたらない。その次に、第一課から五課まで短い文章と文法で構成されているが日本語の説明はされていない。最後に付録としてアクセントについての説明がなされている。三十二頁のうち半分を発音とアクセントに割いている。一回の放送時間は十五分という短いもので、どの程度の講義ができたのであろうか。

昭和二十七年のこの時期に放送されていたＮＨＫの語学講座には英会話、基礎英語、フランス語、学校放送英語があり、ドイツ語入門の講座が春に行われ絶賛を博したことにより九月より再び開講予定とあり、中国語入門も七月から九月の間放送されている。年間を通じて九月より、フランス語とドイツ語の講座が開講となり、中国語の講座も開講の準備をすすめている。連続したスペイン語講座の開講は瓜谷氏の言うように昭和三十一年まで待たなければならない。

現在、NHKの語学番組は、実に八ヶ国語がテレビとラジオを通じて連日放送されている。そして特にテレビの場合は、これらはすべて会話重視の語学番組である。放送すべき教養を創り出し、全国の不特定多数の視聴者に送り出される教養番組という性格をもっておこなわれる語学講座は、放送というメディアにおいて何を放送すべきか検討し、メディアを通じて現代日本の文化の一部を構成している教養のありかたを考える必要があると思う。

参考書目

■第一部　総論

（第一章）

岩崎俊章編『東航記聞』『日本庶民生活史料集成第五巻』三一書房、昭和四十三年

瓜谷良平「スペイン語学習、教育、研究の歴史（関連事項）年表」日本イスパニヤ学会ハンドアウト、平成二年

鶴田文史編『天草学林　論考と資料集』天草文化出版社、昭和五十二年

中川清「明治期におけるスペイン語及びスペイン文学への関心」Ⅰ・Ⅱ『国士舘大学教養部教養論集』第三十五号・三十六号、平成四年・平成五年

永田寛定「日本スペイン語学の先駆者たち」『月刊スペイン語』七八号〜八〇号、大学書林、昭和四十二年

松田毅一『西洋との出会い』上・下、大阪書籍、昭和五十七年

皆川達夫『オラシヨ紀行』日本基督教団出版局、昭和五十六年

（第二章）

浅岡邦雄「明治西班牙語夜話」『ＮＨＫラジオスペイン語講座』昭和五十九年四月〜九月

浅岡邦雄「明治期に来日したスペイン語教師たち」『スペイン現代史』法政大学、第二号、昭和五十九年

浅香武和「初太郎とスペイン語事始」『月刊言語』、昭和五十八年十一月号

浅香武和「金沢一郎と『和西辞典』のこと」『月刊言語』昭和六十一年十二月号

有吉俊二「スペイン語のすすめ」奥村克三編『外国語のすすめ』所収、大月書店、昭和六十一年
大島正『スペイン文学への誘い』創世記、昭和五十三年
笠井鎮夫『スペイン語初学記』昭森社、昭和三十七年
新村出『日本吉利支丹文化史』地人書館、昭和十六年
高橋正武「村岡西和辞典のこと」『NHKスペイン語入門』昭和四十五年十二月
東京外語スペイン語同学会『東京外語スペイン語部八十年史』昭和五十四年、別巻・昭和五十七年
原誠「スペイン語の辞書」東京外国語大学公開講座「世界の辞書」、昭和六十三年十一月四日
坂野鉄也「旧制高等商業学校におけるスペイン語教育・山口高等学校の事例」平成二十三年三月、滋賀大学経済学部 Working Paper Series No.148.
坂野鉄也「神戸高等商業学校におけるスペイン語教育の様相」平成二十五年八月、滋賀大学経済学部 Workking Paper Series No.198.
永嶋大典『蘭和・英和辞書発達史』講談社、昭和四十五年
吉田小五郎『ザヴィエル』吉川弘文館、昭和三十四年

■第二部　出会いから江戸末期まで

（第一章）

岡本良知『十六世紀日欧交通史の研究』弘文荘、昭和十一年
岸野久「ヨーロッパ人の琉球・日本来島に関する一資料」『日本歴史』昭和五十九年十一月
幸田成友『日欧通交史』岩波書店、昭和七年

河野純徳訳『聖フランシスコ・ザビエル全書簡』平凡社、昭和六十年
アルーペ神父　井上郁二訳『聖フランシスコ・ザビエル書翰抄』岩波文庫、昭和五十二年
ルイス・フロイス　岡田章雄訳注『ヨーロッパ文化と日本文化』岩波文庫、平成三年
フランシスコ・モウラ「ガリシア人ペロ・ディエス、日本を発見した最初のヨーロッパ人」*GRIAL*. 1971.
（第二章）
ジョアン・ロドリゲス　池上岑夫他訳『日本教会史』上・下、岩波書店、昭和四十二年
浅香武和「日墨交流の発端」総理府日本青友会東京支部会報『わ』十九号、昭和五十七年
浅香武和「初太郎と西班牙語事始め」『月刊言語』十一月号、大修館書店、昭和五十八年
浅香武和「『亜墨竹枝』と『亜墨新話』」『ピーヌス』十七号、雄松堂書店、昭和六十年
浅香武和「一八四四年の旅券」『ピーヌス』十八号、雄松堂書店、昭和六十一年
神田孝夫「『亜墨竹枝』雑話―天保の文化人たちとアメリカの一つの出会い」『比較文學研究』第十六号、昭和四十四年
近松洋男「スペイン語事始め」〈メキシコ歌謡解註〉『南欧文化』十三、昭和六十三年
堀正人『出會い物語』日本古書通信社、昭和五十九年

■第三部　明治期

（第一章）
『外務省年鑑』大正十一年、外務大臣官房人事課、外交史料館

サンパウロ人文科学研究所「三浦荒次郎」二〇一一
パウリスタ新聞社編『日本・ブラジル交流人名事典』一九九六
上田哲『盛岡地方に於けるカトリック教会の沿革一八七四―一九五七』昭和三十二年
加藤順之助「十年一昔」『伯剌西爾時報』大正七年五月三日、十日、十七日
永田寛定「三浦荒次郎」『月刊スペイン語』大学書林、昭和四十三年四月号
堀江剛史『日伯友好の礎　大武和三郎　辞書編纂と数奇な生涯』サンパウロ人文科学研究所、ブラジル日本移民史料館、二〇〇八
水野龍「海外移民事業ト私」憲政資料室所蔵
Planas, Ramiro: *Puntos de interés, en las relaciones España-Japón*. Madrid, 2001.

（第二章）
浅岡邦雄「語学教師エミリオ・ビンダ」『NHKラジオスペイン語講座』昭和五十九年四月
佐藤誠『修定日本教育史』十一組出版部、昭和十八年
武内博編著『来日西洋人名事典』増補改訂普及版平成七年、日外アソシエーツ
坪谷善四郎著『大橋佐平翁伝』博文館、昭和七年
博文館発行『外国語学雑誌』明治三十年～明治三十一年
水野錬太郎「ビンダ先生の追憶」『日伊文化研究』昭和十七年一月

（第三章）
明治三十一年度『版権書目』一八九八
明治四十一年『明治神戸人名録』一九〇八

（第四章）
外務省通商局『移民調査報告』第三冊、明治四十一年十二月
十蔵寺宗雄『南米案内・下』日本植民協会、昭和七年

■第四部　大正期

（第一章）
永田稠編『新渡航法』大正五年
（第二章）
大熊智之「私立海外植民学校の南米移民養成教育」『日本歴史研究』四〇輯、日本史学会、二〇一四年十二月、二一一～二四八頁
海外植民学校史研究会編『海外植民学校と比佐衛』第一号（平成二十五年六月）～第六号（平成二十八年十月）
木村孝「調査サブノート・海外植民学校」平成二十二年
中川清「日本・ラテンアメリカ交流史」（Ⅰ）（Ⅱ）『白鷗法学』平成七年、平成八年
（第三章）
金沢一郎先生胸像建設会『胸像建設記念』昭和十二年
（第四章）
荒　哲「リカルテ将軍の政治思想について」『アジア研究』Vol.54, No.1, January 二〇〇八（平成二年）、六二～七七頁

太田兼四郎『鬼哭』フイリピン協会、昭和四十七年一月
『東洋』大正十三年十月号
奈波久『戦いの旗を高く揚げよ』アルテミオ・リカルテ研究ノート、新風舎、平成十九年
Alejandro R. Roces, Armando J. Malay (ed.), *Memoirs of General Artemio Ricarte*, Manila, National Heroes Commission, 1963.
Ambeth R. Ocampo, "Looking Back", *Philippine Daily Inquirer*, Dec 3. 2002.
Grant K. Goodman, "General Artemio Ricarte and Japan", *Journal of Southeast Asian History*, Vol.7, No.2 (Sep.,1966).

（第五章）
川路賢一郎「照井亮次郎書簡」『移住研究』二一、昭和五十九年
川路賢一郎著『シエラマドレの熱風』パスコジャパン、平成十五年
神津良子著『メキシコの月信州の月』郷土出版社、平成十六年
吉山基徳著『注目すべきメキシコ』日墨研究社、昭和三年

■第五部　昭和期

（第一章）
『東京書籍商組合会員図書目録』大正十二年
『尾島町全町史跡公園化整備計画書』群馬県太田市、平成二年
小林英夫編『私の辞書』丸善、昭和四十八年

中川清「西和辞典の周辺」『敬愛大学国際研究』第六号、平成十二年
（第二章）
坂野鉄也「戦前期高等商業学校における第二外国語教育　スペイン語を事例として」平成二十五年十二月、滋賀大学経済学部 Working Paper Series No.204.
（第三章）
外務省・国際協力事業団『海外移住の意義を求めて』昭和五十四年
瓜谷良平「日本におけるスペイン語の学習、教育、研究の歴史」日本イスパニヤ学会『イスパニカ』三四、平成二年
寺﨑英樹「東京外語とスペイン語教育の歴史」東京外国語大学スペイン語一一〇年記念シンポジウム基調講演、平成二十九年十月二十八日

著者略歴

浅香武和（あさか・たけかず） take_xapones@msn.com

東京都出身。現在、津田塾大学スペイン語講師、サンティアゴ・デ・コンポステーラ大学ガリシア語研究所員、日本学術振興会研究員（聖心女子大学）、スペイン文部科学スポーツ省HISPANEX研究員。ガリシア学士院会員。ラモーン・カバニージャス文学功労賞受賞（2014）。著書に『現代ガリシア語文法』、『ガリシア語会話練習帳』、『ガリシア語基礎語彙集』の三部作（大学書林）。『スペイン語事始』（同学社）。『ガリシア心の歌・ラモーン・カバニージャスを歌う＋CD』『吟遊詩人マルティン・コダックス＋CD』（論創社）。編著『スペインとポルトガルのことば』（同学社）。『ガリシアを知るための50章』（明石書店）。編訳にロサリーア・デ・カストロ『ガリシアのうた＋CD』（DTP出版）、ロサリーア・デ・カストロ『わが故郷の昔話』。他

Grant -in- Aid for
Scientific Research(c)
JSPS KAKENHI
Grant Number 16K02635

新西班牙語事始《シンイスパニヤゴコトハジ》め

2018年3月10日　初版第1刷印刷
2018年3月20日　初版第1刷発行

著　者　浅香武和
発行者　森下紀夫
発行所　論　創　社
東京都千代田区神田神保町2-23　北井ビル
tel. 03 (3264) 5254　fax. 03 (3264) 5232
振替口座 00160-1-155266
http://www.ronso.co.jp/
装　幀　奥定泰之
印刷・製本　中央精版印刷

ISBN978-4-8460-1662-3